세계사를 관통하는 위대한 말
딱 한마디 로마사

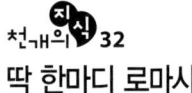

딱 한마디 로마사

펴낸날 초판 1쇄 2025년 5월 26일

글 정헌경 | **그림** 순미 | **감수** 정기문
편집 이정아 | **디자인** 이상원 | **홍보마케팅** 이귀애 이민정 | **관리** 최지은 강민정
펴낸이 최진 | **펴낸곳** 천개의바람 | **등록** 제406-2011-000013호 | **주소** 서울시 영등포구 양평로 157, 1406호
전화 02-6953-5243(영업), 070-4837-0995(편집) | **팩스** 031-622-9413

ⓒ 정헌경·순미, 2025 | ISBN 979-11-6573-632-3 73920

* 이 책은 저작권법에 따라 보호받는 저작물이므로 무단전재와 무단복제를 금지하며,
  이 책 내용의 전부 또는 일부를 이용하려면 반드시 저작권자와 천개의바람의 서면 동의를 받아야 합니다.
* 잘못 만든 책은 구입하신 서점에서 바꾸어 드립니다. 천개의바람은 환경을 위해 콩기름 잉크를 사용합니다.
* 종이에 베이거나 긁히지 않도록 조심하세요. 책 모서리가 날카로우니 던지거나 떨어뜨리지 마세요.

제조자 천개의바람 **제조국** 대한민국 **사용연령** 11세 이상

세계사를 관통하는 위대한 말

딱 한마디 로마사

정헌경 글 | 순미 그림 | 정기문 감수

천개의바람

차례

머리말 …… 6

로마는 가장 위대해질 운명을 타고났다
로마 건국(기원전 753년) …… 8

권력은 시민에게, 권위는 원로원에게
공화정 시작(기원전 509년) …… 18

로마는 하루아침에 이루어지지 않았다
이탈리아반도 통일(기원전 270년경) …… 26

이제 지중해는 우리의 바다가 되었다
포에니 전쟁(기원전 264년~기원전 146년) …… 36

로마 시민들은 조국을 위해 싸우고도 아무것도 갖지 못했습니다
그라쿠스 형제의 개혁(기원전 133년~기원전 121년) …… 44

왔노라, 보았노라, 이겼노라
권력을 장악한 카이사르(기원전 48년) …… 52

벽돌로 만든 로마를 물려받아 대리석으로 만든 로마를 남기노라
로마 제국 수립(기원전 27년) ······ 62

모든 길은 로마로 통한다
로마 제국 전성기(기원전 1세기 말~기원후 2세기) ······ 70

한 사람이 다스리기에 로마 제국은 너무 넓다
4분할 통치 체제 수립(293년) ······ 78

이 표시로 승리하리라!
크리스트교를 국교로 삼은 로마 제국(392년) ······ 86

로마에 가면 로마법을 따르라
서로마 제국 멸망(476년) ······ 96

모든 역사는 로마로 흘러들었다가 다시 로마에서 흘러나왔다
동로마 제국 멸망(1453년) ······ 104

추천의 글 ······ 112

머리말

이 책의 제목을 보고 '딱 한마디'에 솔깃한 사람도 있겠지만, 이렇게 생각하는 사람도 있을 거예요.

"우리 역사도 모르는데 세계사 책을 읽는다고?"

"세계사가 얼마나 방대한데, 왜 로마부터?"

하지만 우리 일상생활에는 로마가 집대성한 서양의 역사와 문화가 깊이 스며들어 있어요.

"모든 길은 로마로 통한다."

이 말처럼 서양사는 모두 로마로 통해요. 로마는 알파벳의 기원이 된 페니키아 문자, 크리스트교에 영향을 준 유대교 등, 지중해 일대에서 생겨난 문화를 모두 받아들이고 발전시켜 후대에 전했답니다.

정치 제도도 빼놓을 수 없지요. 오늘날 세계 많은 나라들이 지향하는 민주 공화국은 고대 그리스·로마에 뿌리를 두고 있어요. 그리스 아테네에서 직접 민주주의가 이루어졌고, 로마는 그러한 전통을 이어받아 공화정을 만들었거든요.

독수리는 왜 로마의 상징이 되었을까요?
'권력은 시민에게, 권위는 원로원에게'라는 말은 무슨 뜻일까요?
로마 최초의 성문법인 12표법은 어떻게 만들어졌을까요?
'왔노라, 보았노라, 이겼노라'라고 말한 카이사르는 왜 암살되었을까요?
로마의 평화를 뜻하는 '팍스 로마나'는 어떻게 이루어졌을까요?
혹독한 탄압을 받던 크리스트교가 어떻게 로마의 국교가 되었을까요?
최근 교황이 새로 선출되었는데, 교황 제도는 어떻게 시작되었을까요?
서로마 제국이 되살아나 신성 로마 제국으로 이어진 건 어찌된 일일까요?

이 책을 읽다 보면 이런 궁금증이 자연스레 풀릴 거예요.
"로마는 하루아침에 이루어지지 않았다."
이 말처럼, 역사를 이해하고 생각하는 힘은 짧은 시간에 길러지지 않아요. 저도 역사책을 읽고 쓰면서 몰랐던 역사를 새로이 알고, 깊이 들여다보고 있답니다. 이 책이 역사를 처음 만나는 아이들에게 즐거운 경험이 되고, 역사에 흥미를 갖는 계기가 되길 바랍니다.

봄비 내리는 도서관 창가에서, 정헌경

지중해에는 장화 모양으로 튀어나온 이탈리아반도가 있어요. 기원전 753년, 이 반도의 중간쯤 되는 곳에서 로마가 생겨났어요. 로마는 작은 나라로 출발했지만, 점점 영토를 넓혀 나갔어요. 일단 이탈리아반도를 통일한 다음, 넘실대는 지중해를 몽땅 손에 넣었지요.

1~2세기에 로마는 거대한 제국으로 우뚝 섰어요. 지중해를 둘러싼 유럽, 북아프리카, 서아시아 일부를 차지하고 로마 문화를 퍼뜨렸지요. 나중에 로마는 둘로 갈라졌는데, 그중 하나인 동로마 제국은 1453년에 멸망했어요. 그러니까 로마는 2천 년 넘게 역사가 이어진 나라예요.

로마는 Ⅰ, Ⅱ, Ⅲ, Ⅳ 같은 로마 숫자와 로마 가톨릭교회, 튼튼하면서도 아름다운 건축물 등 많은 것을 남겼어요. 자, 이제 로마의 역사가 시작된 곳으로 떠나 볼까요?

축복받은 자연환경과 지리적 위치

로마의 역사가 리비우스는 말했어요.

"신들과 사람들이 로마를 선택한 데에는 그만한 이유가 있었다. 로마는 가장 위대해질 운명을 타고났다."

어쩐지 시작부터 예감이 좋죠? 리비우스의 말처럼 로마는 자연환경이 뛰어나고 위치가 좋은 곳에 세워졌어요. 로마가 있는 이탈리아반도는 북쪽의 알프스산맥이 찬바람을 막아 주어 날씨가 따뜻했고, 기름진 평야가 발달해 있었어요.

"올해도 풍년이군. 땀 흘려 농사지은 보람이 있네그려."

로마 사람들은 신나게 곡식을 거두고, 포도주를 담그고, 올리브 열매로 기름을 짰어요. 식량이 넉넉하니 인구가 쑥쑥 늘었지요.

이탈리아반도에는 남북으로 길게 뻗은 산맥이 있었지만 사이사이에 길이 뚫려 있어서 사람들이 얼마든지 오갈 수 있었어요. 교통이 꽉 막히지 않아서 로마가 이탈리아반도를 통일하기도 쉬웠지요.

무엇보다 이탈리아반도는 지중해 한복판에 있었어요. 지중해는 아주 중요한 바다로, 서로 지중해를 차지하기 위해 싸울 정도였어요. 이탈리아반도에서 장화 앞부리처럼 보이는 곳을 찾아볼까요? 거기 바로 옆에는 '시칠리아'라는 커다란 섬이 있어요. 시칠리아는 지중해를 동쪽과 서쪽으로 나누고, 이탈리아반도와 아프리카를 징검다리처럼 연결하는 섬이에요. 사람들은 다양한 물건을 배에 싣고 시칠리아

와 이탈리아반도를 오가며 무역했어요. 지중해에서 전투가 벌어질 때도 시칠리아는 달걀노른자처럼 중요한 역할을 했어요. 로마는 시칠리아를 먼저 차지한 뒤 지중해로 세력을 뻗어 나갔어요.

늑대가 키운 로물루스, 나라를 세우다

트로이의 목마 이야기를 들어 본 적 있나요? 트로이는 아시아 서쪽 끝에 있었던 나라예요. 트로이는 그리스의 침략을 받고도 10년 동안 성문을 닫고 성을 굳게 지켰어요. 그러자 그리스는 커다란 목마를 남겨 놓고 물러간 척했어요. 실은 목마 안에 병사들이 숨어 있었죠. 트로이는 깜빡 속아서 목마를 성안으로 들였어요. 결국 목마 안에서 나온 그리스 병사들이 트로이를 멸망시켰어요.

이때 트로이에 아이네이아스라는 장군이 있었어요. 아이네이아스는 배를 타고 트로이를 탈출했어요. 험난한 항해 끝에 아이네이아스는 이탈리아반도에 도착해서 나라를 세웠지요.

"트로이는 사라졌지만 이곳에서 새로운 역사가 시작될 것이다."

시간이 흘러, 아이네이아스의 후손 누미토르가 왕이 되었어요. 그런데 누미토르의 동생 아물리우스가 왕위를 빼앗고, 누미토르의 딸 실비아를 베스타 신전의 사제로 만들어 버렸어요. 베스타는 불의 여신이에요. 실비아는 평생 결혼할 수 없었고, 베스타 신전의 불이 꺼지지 않도록 살펴야 했어요. 하지만 실비아는 전쟁의 신 마르스와 사

랑에 빠져 쌍둥이를 낳았어요. 쌍둥이의 이름은 로물루스와 레무스였어요.

"쌍둥이가 크면 분명 왕위를 노릴 것이다. 당장 죽여라!"

아물리우스가 매섭게 명령을 내렸어요. 쌍둥이는 바구니에 담겨 테베레강에 버려졌지요.

"응애응애."

지나가던 늑대가 울음소리를 들었어요. 늑대는 바구니를 건져 굴로 가져갔어요. 쌍둥이는 늑대 젖을 배불리 먹으며 무럭무럭 자랐어요. 하루는 지나가던 양치기가 늑대 굴에서 쌍둥이를 보았어요. 양치기는 쌍둥이를 담았던 바구니를 보고 깜짝 놀랐어요.

"앗, 바구니에 독수리가 새겨져 있네! 왕실의 상징이잖아! 평범한 아이들이 아닌 게 분명해."

눈이 휘둥그레진 양치기는 쌍둥이를 집으로 데려가 정성껏 키웠어요. 쌍둥이는 자라서 가축을 몰고 다니는 목동이 되었어요. 다른 여러 목동들이 늠름한 쌍둥이를 대장으로 모셨지요. 그러던 어느 날, 쌍둥이

로물루스와 레무스 조각상 (로마 카피톨리니 박물관)

는 출생에 얽힌 비밀을 알게 되었어요.

"우리 할아버지가 왕이었다니!"

꼭꼭 숨겨졌던 진실을 알게 된 쌍둥이는 화를 참을 수 없었어요. 그래서 사람들을 이끌고 궁궐로 쳐들어가 아물리우스를 몰아냈어요. 할아버지의 왕위를 되찾은 두 사람은 새로운 나라를 세우기로 했지요. 그런데 둘 중에 누가 왕이 되어야 할까요? 로물루스를 따르는 사람들과 레무스를 따르는 사람들로 나뉘어 편이 갈렸어요. 두 무리는 서로 다른 언덕에 모여 있었지요.

"저것 봐, 독수리가 나타났어! 예사롭지 않은 징조야."

레무스가 있는 언덕에 독수리 여섯 마리가 날아오자, 사람들은 신의 계시라며 수군댔어요. 그런데 며칠 뒤, 더 놀라운 일이 일어났어요. 로물루스가 있는 언덕에 독수리 열두 마리가 나타난 거예요.

로마의 상징, 독수리

새들 중에서 가장 힘세고 용감한 독수리는 여러 종교와 국가의 상징이 되었어요. 로마 군대는 늑대, 말 등 여러 동물 그림으로 장식된 깃발을 들고 다니다가 나중에는 독수리 그림만 깃발에 사용했어요. 이 깃발을 잃는 것만큼 불명예스러운 일은 없었지요. 독수리는 로마의 상징이 되어 화폐나 조각상 등에도 쓰였어요.

독수리 모습이 새겨진 로마 장식품 (클리블랜드 미술관)

"하하하, 봤지? 독수리가 더 많이 나타났으니 로물루스가 왕이 돼야 해."
"무슨 소리! 독수리는 우리에게 먼저 나타났잖아!"
사람들끼리 싸움이 붙었어요. 어느 쪽도 순순히 물러나지 않았지요.
"이 성벽을 넘어오면 가만두지 않겠다."
로물루스는 성벽을 쌓으며 매섭게 위협했어요. 하지만 레무스는 코웃음을 치더니 성벽을 훌쩍 뛰어넘었어요. 결국 화가 난 로물루스가 레무스를 죽이고, 나라를 세웠어요. 그렇게 로마의 위대한 역사가 시작되었어요.

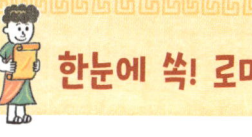 **한눈에 쏙! 로마사 돋보기**

로마 건국 신화가 담긴 《아이네이스》

아이네이아스 조각상 (잔 로렌초 베르니니 작품)

베르길리우스는 로마에서 최고로 꼽힌 시인이에요. 로마 건국 신화는 베르길리우스가 쓴 《아이네이스》에 잘 담겨 있어요. '아이네이스'는 '아이네이아스의 노래'라는 뜻이에요.

트로이의 장군이었던 아이네이아스는 그리스 군대에 맞서 온 힘을 다해 싸웠지만, 트로이의 멸망을 막지는 못했어요.

"어서 떠나라! 새로운 트로이를 건설해야 한다."

신들의 명령에 따라 아이네이아스는 가족과 따르는 사람들을 이끌고 길을 떠났어요. 늙은 아버지를 업고, 어린 아들의 손을 꼭 쥐고서요.

배를 타고 서쪽으로 가던 아이네이아스 일행은 폭풍우 속을 헤매다가 북아프리카의 카르타고에 이르렀어요. 그곳에서 아이네이아스는 카르타고의 여왕 디도와 사랑에 빠졌어요. 하지만 새로운 땅을 찾으려던 계획을 포기할 수는 없었지요.

다시 항해에 나선 아이네이아스 일행은 이탈리아반도 중부의 테베레강 근처에 이르렀어요. 거기서 아이네이아스는 알바 롱가 왕국의 공주와 결혼하여 라틴족의 왕이 되었어요.

　로마에는 로물루스를 비롯한 일곱 명의 왕이 있었어요. 그중 마지막 왕은 너무나 거만했어요. 제멋대로 굴며 사람들을 괴롭혔지요. 기원전 509년, 로마 사람들은 참다못해 왕을 몰아냈어요.
　왕이 없어진 로마에는 공화정이라는 새로운 정치 체제가 나타났어요. 왕 대신에 집정관을 두 명 세우고, 원로원과 민회가 함께 정치를 이끌었지요. 집정관 두 명은 상대가 마음대로 행동하지 못하도록 서로 견제했고, 원로원은 귀족 편을, 민회는 평민 편을 들었어요. 그러니 어느 한 사람이 권력을 틀어쥐고 자기 마음대로 할 수 없었어요.
　약 2500년 전에 왕을 몰아내고 권력을 독차지하지 못하도록 막다니 대단하죠? 로마 사람들은 공화정을 레스 푸블리카(res publica)라고 불렀어요. '공공의 것'이라는 뜻이에요. 훗날 공화국을 뜻하는 영어 republic은 바로 이 말에서 생겼어요.

오만한 왕을 몰아내고 공화정을 세우다

 로마의 일곱 번째 왕, 타르퀴니우스는 몹시 오만해서 '오만 왕'이라는 별명이 붙었어요.

 "감히 내 말을 거역해? 당장 잡아 와!"

 왕의 말 한마디, 손짓 하나에도 많은 사람들이 벌벌 떨었어요.

 "아무리 왕이라도 너무하지 않아? 본때를 보여 주자!"

 로마 사람들은 참다못해 타르퀴니우스를 쫓아냈어요.

 "앞으로는 왕을 뽑지 말고 다른 방법으로 정치를 해 나갑시다."

 로마 귀족들은 궁리 끝에 집정관을 두 명 뽑았어요. 집정관은 왕을 대신하는 최고 권력자로서 군대를 지휘하고 나라를 다스렸어요. 하지만 권력을 제멋대로 휘두를 수는 없었어요. 집정관 두 명이 서로 의견을 거부할 수 있었기 때문이에요.

 "반대합니다. 그 결정은 없었던 것으로 하지요."

 더구나 딱 일 년만 집정관 자리에 있다가 물러나야 했어요.

최고 권위를 자랑한 원로원

 로마 원로원은 300명으로 나라의 운명이 걸린 중요한 결정을 내리거나, 민회에서 법을 만들 때 의견을 냈어요. 또한 국가 예산을 관리했고, 외국에 사절을 보내거나 외국과의 분쟁을 해결하는 등 외교적인 문제를 결정했어요. 국가에 위기가 닥치면 독재관을 지명하도록 요구했지요.

사실, 로마를 좌우하는 정치 기구는 따로 있었어요. 바로 원로원이었어요. 높은 관직에 있다가 물러난 사람들이 원로원에 들어갔고, 그들은 대부분 귀족이었어요. 그러니 원로원의 결정은 귀족의 뜻이나 마찬가지였지요.

하지만 로마의 정치가이자 뛰어난 작가였던 키케로는 말했어요.

"권력은 시민에게, 권위는 원로원에게."

이 말은 원로원이 아무리 권위를 내세워도 정치권력은 시민이 쥐고 있다는 뜻이에요. 그럼, 로마 시민들은 정치에 어떻게 참여했을까요? 로마 시민 중 남자 어른들은 민회에 모여 나라의 중요한 일을 의논하

원로원이 회의하는 모습을 상상하여 그린 그림 (체사레 마카리 그림)

고, 법을 만들고, 재판하고, 관리를 뽑았어요. 민회는 법률을 통과시키거나 거부할 수 있었고, 전쟁이나 조약 체결 같은 중대한 문제를 최종으로 결정할 수 있는 권한도 쥐고 있었어요.

이렇게 집정관, 원로원, 민회가 함께 정치하는 로마의 '공화정'이 생겨났어요.

평민의 권리가 점점 확대되다

로마는 계속 전쟁을 하며 영토를 넓혀 나갔어요. 전쟁터에서 귀족들은 말을 타고 다니며 잔뜩 폼을 잡고 으스댔어요. 반면 평민들은 걸어 다니는 보병 부대에서 활약했어요. 그런데 시간이 흐를수록 보병의 역할이 중요해졌어요. 단단히 무장한 보병들이 빽빽이 붙어 서서 밀집 대형을 이루면, 적군이 공격을 포기하고 꼼짝없이 물러났거든요.

"우리가 전쟁을 승리로 이끌었다!"

평민들은 전쟁터에서 톡톡히 제 역할을 했고, 고생하는 만큼 정치에도 더 참여하고 싶었어요. 그러나 귀족들은 무시했어요.

"나랏일이 얼마나 어려운 줄 알아? 평민 주제에 무슨 정치를 한다고 그래?"

분통이 터진 평민들은 산으로 우르르 올라갔어요.

"우리 요구를 들어주지 않으면 전쟁터에 나가지 않을 테다!"

평민들이 똘똘 뭉치자 귀족들은 정신이 번쩍 들었어요.

"저러다가 평민들끼리 따로 나라를 세우면 어쩌지?"

귀족들은 불안한 마음에 마지못해 평민들의 요구를 들어주었어요.

"평민의 권리를 지키기 위해 호민관이라는 관직을 만들겠다. 호민관은 평민 중에서 뽑는다. 그리고 평민들의 회의 기구로 평민회를 조직한다."

이후 평민들은 자신들에게 유리하게 정치를 이끌어 나갔어요.

"우리가 법을 모르니 귀족이 걸핏하면 무시하고 횡포를 부립니다."

"맞습니다. 누구나 볼 수 있도록 법을 문자로 적어서 광장에 세워 둡시다!"

이렇게 해서 '12표법'이 만들어졌어요. 평민들은 자신들의 권리를 위해 계속 싸워 나갔어요.

"집정관이 둘 다 귀족이라 평민에게 불리합니다."

결국 집정관 둘 중 하나는 평민 중에서 뽑게 되었어요. 기원전 287년에는 평민회에서 의결한 내용이 원로원의 허락 없이 법률로 인정받게 되었어요. 로마 공화정은 이렇게 약 200년 동안이나 귀족과 평민이 싸운 끝에 완성되었어요.

# 한눈에 쏙! 로마사 돋보기

12표법

로마의 법이 문자로 기록되기 전에는 귀족들이 마음대로 법을 들먹이며 평민을 괴롭혔어요. 기원전 5세기에 이르자 평민들은 법의 내용을 확실히 정해서 문자로 적어 달라고 당당히 요구했어요. 그래야 법을 마음대로 바꾸지 못하고, 누구나 법의 내용을 확인할 수 있으니까요. 그 결과 문자로 기록된 성문법이 로마에서 처음 만들어져 민회에서 통과되었어요.

이 법은 열두 개의 표에 기록되어 광장에 걸렸어요. 그래서 이 법을 '12표법'이라고 해요. 12표법은 전체의 3분의 1가량만 전해지는데, 신분제 사회였기 때문에 당연히 귀족에게 유리한 내용이 많았어요. 예를 들면 귀족과 평민 사이의 결혼을 금지했고, 가난해서 빚을 갚지 못한 사람을 가혹하게 처벌할 수 있도록 했어요.

하지만 12표법은 귀족이 마음대로 횡포를 부리지 못하게 막고, 평민을 법으로 보호하는 든든한 장치가 되어 주었어요. 학생들은 12표법을 줄줄 외웠고, 시민들은 12표법에 따라 소송을 제기했다고 해요.

　알렉산드로스는 패배를 모르는 정복자였어요. 유럽, 아프리카, 아시아에 걸쳐 넓은 땅을 약 10년 만에 정복했지요. 그러나 알렉산드로스 제국은 쉽게 이루어진 만큼 순식간에 무너졌어요.

　로마는 알렉산드로스 제국과 아주 다른 길을 걸었어요. 처음에는 힘이 약해서 한동안 다른 민족의 지배를 받았고, 자주 외적의 침입에 시달렸어요. 로마 사람들은 정신 바짝 차리고, 있는 힘을 다해 외적과 싸웠지요.

　로마는 위기를 하나씩 헤쳐 나가면서 조금씩 힘을 키웠어요. 그러다 기원전 270년경 마침내 이탈리아반도 전체를 손에 넣었어요.

　"로마는 하루아침에 이루어지지 않았다."

　이 말처럼 로마는 오랫동안 힘을 차곡차곡 쌓아 강한 나라가 되었고, 그 덕분에 좀처럼 무너지지 않았어요.

갈리아인의 공격을 가까스로 막아 내다

 이탈리아반도 중부에 살았던 에트루리아인은 문화 수준이 높고 군사력도 강했어요. 로마는 에트루리아인의 지배를 받는 동안 그들의 건축 기술과 군대 훈련법 등을 배웠어요.

 "저런 다리를 어떻게 건설하는지 눈여겨봅시다."

 힘을 키운 로마는 에트루리아인의 지배에서 벗어났어요. 그러고는 같은 라틴족이 세운 이웃 나라들부터 억누르기 시작했어요. 몇 년에 걸친 힘겨루기 끝에 로마가 승리했어요. 로마는 라틴족 나라들과 동맹을 맺었어요.

에트루리아 청동상 (피렌체 국립 고고학 박물관)

"이제 로마가 라틴족을 이끌겠습니다."

"좋습니다. 한마음으로 뭉쳐 다른 민족과 싸웁시다."

든든한 동맹을 얻은 로마는 에트루리아인의 가장 남쪽 도시를 공격했어요. 그 도시가 테베레강 하류에서 나는 소금을 가져가는 것이 못마땅했거든요.

"이 도시를 무너뜨려 소금을 독차지하자!"

수십 년간 싸운 끝에 로마가 승리했어요. 그 도시가 있던 널찍한 땅도, 테베레강 하류의 소금도 모두 로마가 차지했어요.

그러나 얼마 지나지 않아 북쪽에서 갈리아인이 쳐들어왔어요. 로마는 맹렬히 맞섰지만 싸우는 족족 패배했어요. 가까스로 살아남은 군사들은 최후의 방어지인 카피톨리노 언덕으로 올라갔어요. 밤이 되자 로마 군사들은 잠에 곯아떨어졌어요. 갈리아인이 언덕을 오르는 것도 모른 채 말이에요. 그 순간, 커다란 소리가 들렸어요.

"꽥꽥, 꽥꽥!"

황금처럼 귀했던 소금

인간을 비롯한 포유류는 소금을 먹지 않고는 살 수 없어요. 그래서 소금은 '하얀 황금'이라고 불릴 만큼 귀했어요. 로마에서는 한때 소금으로 봉급을 주었고, 소금물로 만든 소스를 채소에 뿌려 먹었어요. 그래서 봉급을 뜻하는 샐러리(salary)와 서양 요리인 샐러드(salad) 앞에 소금(salt)을 뜻하는 말이 붙었어요.

근처 신전에서 기르던 거위들이 뭔가 불안했는지 꽥꽥거린 거예요. 로마 군사들은 잠에서 깨어나 갈리아인의 공격을 막아 냈어요. 그리고 나서도 갈리아인은 일곱 달이나 언덕을 포위하고 있다가 로마로부터 많은 돈을 받고 나서야 물러났어요.

우쭐했던 로마 사람들은 이 일로 정신을 번쩍 차렸어요. 외적이 다시 쳐들어올 때를 대비해 튼튼한 성벽을 쌓았고, 남쪽으로 세력을 뻗어 나갔지요.

마침내 이탈리아반도를 통일하다

로마 남쪽에 있던 삼니움인은 산속에 숨어 있다가 갑자기 튀어나와 공격했어요. 또한 거짓 정보를 흘려 로마군을 유인했어요.

"하하하, 이제 너희는 독 안에 든 쥐다."

계곡에 포위된 로마군은 식량이 떨어지자 항복할 수밖에 없었어요.

"우리가 너무 쉽게 생각했다. 싸우는 방식을 바꾸자."

기둥에 조각된 로마 군대 (마르쿠스 아우렐리우스 원주)

뼈저린 교훈을 얻은 로마는 부대를 작은 단위로 나누고, 부대장이 상황에 따라 자율적으로 명령을 내리게 했어요. 삼니움인보다 더 강력한 무기도 만들고, 주변 평야를 모두 정복해 산속의 삼니움인이 옴짝달싹하지 못하게 만들었지요. 궁지에 몰린 삼니움인은 결국 로마에 무릎을 꿇었어요.

더 남쪽에는 그리스인이 세운 도시들이 있었어요. 그 중 가장 큰 도시는 타렌툼이었어요. 타렌툼과 로마는

흥. 코끼리도 우릴 막을 순 없어.

서로 영역을 침범하지 않겠다고 약속했어요. 그런데 날씨가 험상궂던 어느 날, 로마 배 열 척이 항해하다가 타렌툼 항구로 들어가 버렸어요.

 타렌툼 사람들은 발끈해서 로마와의 전쟁을 선포하고, 에페이로스의 왕 피로스에게 군대를 보내 달라고 부탁했어요. 에페이로스는 이탈리아반도에서 동쪽 건너편에 위치한 나라예요. 피로스는 우쭐해서 수많은 군사에 코끼리 떼까지 이끌고 이탈리아반도로 건너왔어요. 로마군은 처음 보는 코끼리에 쩔쩔매면서도 쉽게 물러서지 않았어요.

으, 후퇴, 후퇴하라!

피로스는 가까스로 승리를 거둔 뒤 로마로 진격했어요.

"동맹국들이 배신하면 로마는 혼자 싸워야 할걸."

피로스는 로마를 공격하면 로마의 이웃 나라들이 동맹에서 떨어져 나갈 거라고 예상했어요. 하지만 로마의 동맹국들은 조금도 흔들리지 않고 로마와 함께 싸웠어요. 로마가 동맹국을 존중하면서 잘 관리해 두었기 때문이었지요. 결국 피로스가 군대를 철수했고, 드디어 로마는 이탈리아반도 전체를 손에 넣었어요.

한눈에 쏙! 로마사 돋보기

막강한 로마 군대의 비결

로마의 군대가 약했다면 끊임없는 전쟁 속에서 로마가 살아남을 수도, 커다란 땅을 차지할 수도 없었을 거예요. 로마 군대는 어떻게 강해졌을까요?

로마 군대는 지켜야 하는 규율이 매우 엄격했어요. 만약 대장에게 허락을 받지 않고 움직이거나, 제멋대로 대열에서 벗어나면 큰 벌을 받았어요. 그래서 너도나도 규율을 지키며 조금도 흐트러지지 않고 움직였어요.

로마 군대는 남자 시민들로 이루어졌어요. 주로 귀족으로 이루어진 기병이 양옆을 지키면, 평민으로 이루어진 보병이 세 줄로 늘어서서 공격했어요. 일단 맨 앞줄에 있던 젊고 패기 넘치는 군사들이 창을 던지며 돌진했어요. 그러고 나면 뒤에 있던 노련한 군사들이 차례로 나와서 창을 던지고, 다가오는 적군을 칼로 찔렀어요.

적군이 공격을 퍼부으면 로마 군대는 여러 대형을 만들어 공격을 막아 냈어요. 따닥따닥 붙어 서서 앞뒤, 양옆과 위를 모두 방패로 막아 거북이 같은 대형을 만들어 철통같은 수비를 펼쳤지요.

대형을 갖춘 로마 군대 (트라야누스 원주에 조각된 모습)

이제 지중해는 우리의 바다가 되었다

포에니 전쟁(기원전 264년~기원전 146년)

"로마가 지중해를 차지하려면 카르타고와의 전쟁을 피할 수 없었어."

바다 건너 북아프리카에는 카르타고라는 강한 나라가 있었어요. 카르타고 사람들은 일찍부터 배를 타고 지중해를 누비며 무역을 했어요.

"북쪽으로 노를 저어라. 주석이 많은 브리타니아로 가자."

브리타니아는 오늘날 영국이에요. 카르타고 사람들은 영국까지 가서 귀한 물건을 사 왔어요. 그러고는 여러 나라에 되팔아 큰돈을 벌었어요.

"우리도 부자가 되려면 지중해를 손에 넣어야 해."

로마는 아직 변변한 해군도 없으면서 카르타고에 도전장을 내밀었어요. 그렇게 로마와 카르타고 사이에 전쟁이 시작되었어요. 두 나라의 운명이 걸린 '포에니 전쟁'은 약 120년 동안이나 이어졌어요. 숨 막히는 전투 현장으로 함께 가 볼까요?

포에니 전쟁이 시작되다

 오래전 지중해 동부 해안에 페니키아인이 살았어요. 이들은 물건을 사고팔기 위해 배를 타고 여기저기 다녔어요. 그러다 북아프리카에서 땅이 기름지고, 바다로 나가기 좋은 곳을 발견했어요. 오늘날 튀니지가 자리한 이곳에 페니키아인은 '카르타고'라는 나라를 세웠어요. 그러니까 카르타고 사람들은 페니키아인의 후손이에요. 그래서 로마 사람들은 카르타고 사람을 '포에니인'이라고 불렀어요. '포에니'는 라틴어로 페니키아를 뜻하거든요.

 카르타고 사람들은 아프리카의 황금이나 상아, 영국의 주석처럼 값진 물건을 사다가 여러 나라에 팔며 엄청난 돈을 그러모았어요. 또한 해군이 강해서 지중해 서부를 휘어잡았어요.

 "우리도 바다로 세력을 뻗어 나가야 할 텐데, 지중해 서부는 포에니인이 꽉 잡고 있군."

 로마 사람들은 카르타고의 눈치를 살피며 넘실대는 지중해를 안타깝게 바라보았어요.

페니키아인

페니키아인은 지중해의 동쪽 끝, 오늘날 시리아와 레바논 해안 지대에 도시 국가들을 건설하면서 번성했어요. 지중해에서 무역을 하면서 여러 문명과 교류했고, 특히 메소포타미아·이집트 문명과 유럽 문명을 이어 주었어요. 페니키아인들이 무역하면서 만든 문자는 서양에 전해져 오늘날 알파벳의 기원이 되었지요.

"머지않아 로마가 우리까지 위협할 거야."

한편 카르타고 사람들도 로마를 눈여겨보며 신경을 바짝 곤두세우고 있었어요. 기원전 264년, 두 나라는 지중해 한복판에 있는 시칠리아에서 맞붙었어요. 그렇게 지중해의 최강자를 가리는 포에니 전쟁이 시작되었어요.

"로마 군대는 육지에서만 강하잖아? 바다에서는 꼼짝 못 할걸."

카르타고는 로마가 바다에서는 잘 싸우지 못할 거라며 안심했어요. 하지만 로마는 재빨리 카르타고의 함선을 본떠 배를 만들었고, 항해하는 법도 익혔어요. 육지에서 싸울 때처럼 배 위에서 싸울 수 있는 방법도 생각해 냈지요.

"다리를 놓고 적의 배로 건너가 공격하자!"

로마가 개발한 다리 끝에는 날카로운 갈고리가 달려 있었어요. 이 갈고리는 먹이를 쪼아 먹는 까마귀 부리처럼 적의 배에 깊숙이 박혔어요. 로마군은 이 다리를 타고 카르타고의 배로 우르르 건너갔지요.

"헉, 로마는 만만치 않은 상대였군."

예상치 못한 전략에 카르타고는 맥을 못 추었어요. 1차 포에니 전쟁은 그렇게 로마의 승리로 막을 내렸어요.

한니발과 스키피오의 대결

카르타고에는 한니발이라는 뛰어난 장군이 있었어요. 한니발은 로마의 허를 찌르는 방법을 생각해 냈어요. 먼저 카르타고의 육군을 강하게 만든 다음 많은 군사와 전투용 코끼리 떼를 이끌고 로마로 떠났어요. 로마 사람들은 한니발이 배를 타고 공격해 오리라고 예상했어요. 그러나 한니발은 로마의 예상을 뒤엎었어요.

"로마의 해군은 강해졌다. 이제 바다가 아닌 육지에서 결판을 내야 한다."

바다가 아닌, 육지 길을 선택한 거예요. 카르타고 군대는 험난한 피레네산맥을 넘고, 눈 덮인 알프스산맥까지 넘어 로마로 쳐들어

갔어요.

"장군님, 눈발이 너무 세서 도저히 눈을 뜰 수가 없습니다. 길도 너무 미끄럽습니다."

많은 병사와 코끼리가 알프스산맥에서 숨을 거두었어요.

"우리 군사들의 죽음을 헛되게 하지 마라. 공격하라!"

한니발은 남은 병사와 코끼리를 이끌고 이탈리아반도로 쳐들어갔어요. 로마군을 격파한 한니발은 포로로 잡힌 사람들 중에서 로마

사람만 붙잡아 두고 다른 사람들은 풀어 주었어요. 로마와 동맹국 사이를 갈라놓으려는 목적이었지요. 하지만 로마와 동맹국 사이는 굳건했어요.

게다가 로마에도 한니발 못지않은 스키피오 장군이 있었어요. 스키피오는 한니발의 공격에서 로마를 구할 기막힌 방법을 생각해 냈어요.

"한니발이 없는 틈을 타서 카르타고로 쳐들어가자. 한니발 없는 카르타고는 아무것도 아니다!"

스키피오는 재빨리 배를 몰아 카르타고를 기습했어요. 스키피오의 예상대로 로마가 갑자기 공격해 오자 카르타고는 맥을 못 추었어요. 스키피오는 빛나는 승리를 거두었어요. 로마가 카르타고를 공격했다는 소식을 들은 한니발이 급히 카르타고로 돌아왔지만, 오랜 전쟁에 지쳐 제대로 힘을 쓸 수 없었지요. 결국 2차 포에니 전쟁도 로마의 승리로 끝났어요.

기원전 146년, 카르타고는 3차 포에니 전쟁에서도 패배해 멸망하고 말았어요. 120년 가까이 일어난 포에니 전쟁이 막을 내렸지요. 로마 사람들은 의기양양하게 외쳤어요.

"이제 지중해는 우리의 바다가 되었다!"

로마는 이탈리아반도에 이어 드넓은 지중해 바다까지 손에 넣었어요.

한눈에 쏙! 로마사 돋보기

카르타고의 명장 한니발

한니발은 카르타고에서 1차 포에니 전쟁 중에 태어났어요. 그의 아버지는 카르타고의 장군이었어요. 한니발의 아버지는 로마에 패배한 뒤 꼬마 한니발을 신전으로 데려갔어요.

"절대 로마의 친구가 되어서는 안 된다. 신 앞에 맹세해라."

한니발은 그 자리에서 굳게 맹세했어요. 늠름한 장군으로 자란 한니발은 뛰어난 전략을 세우기로 유명했어요. 2차 포에니 전쟁 중에 벌어진 칸나에 전투에서는 먼저 로마의 기병을 제압한 다음 보병을 포위해 승리를 거두었어요.

카르타고가 사라진 뒤에도 한니발은 전설적인 영웅으로 남았어요.

"문 앞에 한니발이 와 있다!"

로마에서 이 한마디면 아이들이 무서워서 울음을 뚝 그쳤다고 해요.

유네스코 세계문화유산으로 지정된 카르타고 유적지

로마 시민들은 조국을 위해 싸우고도 아무것도 갖지 못했습니다

그라쿠스 형제의 개혁 (기원전 133년~기원전 121년)

포에니 전쟁에서 승리한 뒤 로마는 지중해 일대에서 가장 부유한 나라가 되었어요. 지중해를 둘러싼 곳곳을 차지해 영토를 넓혔고, 침략한 나라에서 값나가는 물건을 잔뜩 빼앗아 왔어요. 정복한 여러 지역에서 세금도 거두었지요.

　그러나 로마 사람들 모두 형편이 좋아진 것은 아니었어요. 귀족은 더 부유해졌지만, 평민은 더 가난해졌어요. 정복한 지역에서 밀이 값싸게 들어오는 바람에 농민들은 피땀 흘려 농사짓고도 큰 손해를 보았어요. 귀족들은 대농장을 경영하면서 농민의 생계를 위협했고요.

　로마에서 평민은 인구의 대부분을 차지했고, 군대에서 중요한 역할을 했어요. 평민이 어려움에 처하면 로마도 흔들릴 수밖에 없었지요. 이 상황을 더 두고 볼 수 없었던 그라쿠스 형제가 용감하게 개혁에 나섰어요.

정복 전쟁이 로마에 가져온 변화

로마는 정복 전쟁을 계속 벌여 지중해와 그 주변 땅을 완전히 손에 넣었어요. 영토만 넓어진 게 아니었어요. 정복한 땅에서 값진 물건을 잔뜩 빼앗아 왔고, 많은 포로를 노예로 삼았어요. 그런데 전쟁에서 얻은 땅과 값진 물건과 노예는 대부분 귀족이 차지했어요.

"동쪽에서 수입한 물건이로군. 돈 많은 내가 아니면 누가 사겠소? 하하하."

전쟁으로 더욱 부유해진 귀족들은 한껏 사치를 부렸어요. 비싼 물건으로 집을 장식하고, 보석과 비단으로 몸을 휘감고, 별의별 음식을 가득 차려 파티를 열었지요.

반면에 평민은 전쟁 이후 가난에 쪼들렸어요. 전쟁터에 나가 목숨을 걸고 싸웠지만, 전쟁에서 얻은 물건은 얼마 되지 않았어요. 군대를 나와도 보상금을 받지 못했고요. 고향에 돌아와 보니 애써 일궜던 땅은 못쓰게 되었고, 밀 농사를 지었지만 손해가 컸어요. 로마가 정복한 땅에서 밀이 값싸게 들어오는 바람에 가격이 뚝 떨어져 제값을

라티푼디움

로마의 영토가 넓어지면서 로마 귀족들이 차지한 농장은 날로 커졌어요. 귀족들은 대농장에서 가축을 기르고 과일나무를 재배했어요. 로마에 끌려온 노예들을 부릴 수 있어서 큰돈을 벌었답니다. 로마 귀족들이 경영했던 농장을 라티푼디움이라고 불러요. 대농장이라는 뜻이에요.

받지 못하게 되었거든요. 농민들은 다른 방법을 찾으려고 애썼어요.

"밀 농사는 집어치우고 포도나 올리브를 심어야겠어."

그러나 포도나 올리브 농사를 지은 농민들의 노력도 헛수고로 끝났어요.

"라티푼디움에서 대량으로 재배한 과일나무 때문에 과일 값이 떨어졌다며?"

"귀족들이 어마어마하게 큰 농장에서 노예들을 시켜 농사를 지으면, 우리가 무슨 수로 당해 내겠어. 아이고, 죽겠다."

도시로 간 평민들도 비참한 삶을 이어 갔어요. 노예가 많아 일자리는 구하기 어려웠고, 도시의 식량이 떨어지면서 많은 사람들이 굶주림에 시달렸어요.

용감한 형제의 비참한 최후

이때 그라쿠스 형제가 평민들을 위해 개혁에 나섰어요. 기원전 133년, 호민관에 당선된 형 티베리우스는 민회에서 훌륭한 말솜씨로 한바탕 연설을 펼쳤어요.

"야생 짐승도 굴이나 집에 들어가 쉽니다. 그러나 로마 시민들은 조국을 위해 싸우고도 아무것도 갖지 못했습니다!"

평민들이 농사지을 땅은커녕 집 한 채 갖지 못한 현실을 과감히 비판했어요.

"전쟁에서 얻은 땅을 귀족만 차지하면 옳지 않습니다. 평민에게도 땅을 나눠 줍시다!"

티베리우스는 너무 많은 땅을 가진 사람에게서 토지를 빼앗아 시민들에게 나눠 주자고 주장했어요. 하지만 귀족들이 순순히 땅을 넘겨줄 리 없었지요.

"감히 내 땅을 넘봐? 호민관이면 다냐?"

티베리우스는 귀족들의 습격을 받아 죽고 말았어요.

10년 뒤, 동생 가이우스가 호민관이 되었어요. 가이우스는 형의 뜻을 이어받아 개혁을 실시하면서 한 단계 더 나아갔어요.

"시민들에게 싼값으로 곡물을 나눠 줍시다."

곡물법을 만들어 가난한 사람들이 배고프지 않도록 복지 정책을 펼친 거예요.

"형만 한 아우 없다던데, 웬걸 이놈은 한술 더 뜨는군."

그라쿠스 형제 조각상 (오르세 미술관)

형보다 더 과감한 가이우스는 귀족에게 눈엣가시였어요. 귀족들은 가이우스의 인기를 떨어뜨리고, 그가 만든 법을 무효로 만들기 위해 수단과 방법을 가리지 않았어요. 결국 귀족들은 가이우스를 따르는 사람들을 수천 명이나 때려죽였어요. 가이우스는 도망치다가 스스로 목숨을 끊었지요. 형제가 용감히 밀어붙인 개혁은 끝내 실패하고 말았어요.

 **한눈에 쏙! 로마사 돋보기**

검투사 노예 스파르타쿠스의 반란

　로마에서는 검투사 경기가 자주 열렸어요. 영어로 '글래디에이터'인 검투사는 '글라디우스'라는 칼과 삼지창, 그물 등을 무기로 삼아 다른 검투사 또는 사나운 짐승과 맞서 싸웠어요. 이들은 대개 경기를 위해 훈련된 노예들이었어요.

　로마 사람들은 검투사가 흘리는 피, 잔인한 싸움, 숨이 끊어질 때까지 처절하게 버티는 모습을 보며 박수를 치고 깔깔댔어요. 검투사 노예는 로마 사람들의 즐거움을 위해 죽도록 싸워야 하는, 짐승만도 못한 존재였지요.

　그러던 기원전 73년, 검투사 훈련소에서 탈출한 스파르타쿠스가 노예 수만 명을 모아 반란을 일으켰어요.

　"우리는 자유를 찾아 탈출했다. 더는 노예가 아니다!"

　스파르타쿠스의 반란은 2년 동안 이어지며 로마를 온통 흔들어 놓았어요.

검투사 경기를 벌였던 원형 경기장, 콜로세움 (이탈리아 로마)

　로마는 귀족과 평민이 서로 양보하고 협의하면서 공화정을 이끌어 갈 때는 신분 갈등이 누그러졌고 정치와 사회가 안정되었어요. 포에니 전쟁에 승리한 것도 로마 사람들이 공화정 아래 단결된 힘을 발휘했기 때문이에요.

　귀족들은 평민보다 편안하게 사는 만큼 사회에 도움을 주기도 했어요. 전쟁터에 나가거나 세금을 낼 때 모범을 보였고, 나라를 위해 자기 재산을 바치기도 했어요.

　그러나 포에니 전쟁 이후 사회가 급격히 바뀌면서 귀족들도 달라졌어요. 귀족들은 땅도, 특권도 나눠 주기 싫어서 그라쿠스 형제의 개혁을 막았지요. 그렇게 귀족과 평민이 서로 타협하면서 유지되었던 공화정은 위기를 맞았어요.

　이후 장군들이 군대를 동원해 서로 싸우면서 로마는 몹시 혼란스러워졌어요. 바로 이때 카이사르가 나타났어요.

삼두 정치를 거쳐 권력을 잡은 카이사르

그라쿠스 형제의 개혁이 실패한 뒤, 평민들은 마리우스에게 기대를 걸었어요. 마리우스는 평민 출신으로 전쟁터에서 활약하다가 여러 번 집정관에 당선된 사람이었어요. 하지만 점점 늙어 가는 마리우스에게 술라가 도전장을 내밀었어요. 귀족으로 이루어진 원로원은 귀족 출신인 술라 편에 섰어요.

"우리는 술라를 지지합니다."

평민의 지지를 받는 마리우스와 귀족의 지지를 받는 술라가 군대를 동원해 싸우면서 로마는 혼란에 빠졌어요.

마리우스가 세상을 떠난 뒤에는 카이사르가 평민들의 희망으로 떠올랐어요. 카이사르는 신중했어요.

'혼자 나섰다가는 그라쿠스 형제처럼 될지도 몰라.'

카이사르는 딸을 늠름한 폼페이우스에게 시집보내 자기편으로 만들고, 돈 많은 크라수스와도 힘을 합쳤어요. 그러고는 두 사람과 함께 원로원에 맞서며 권력을 잡았지요. 카이사르, 폼페이우스, 크라수스, 이 세 사람이 함께 정치를 이끌어서 이를 '삼두 정치'라고 불러요.

그 뒤 카이사르는 갈리아를 공격하러 떠났어요. 갈리아는 오늘날 프랑스와 벨기에 지역이에요. 갈리아 정복은 여러 해가 걸렸어요. 그러는 동안 전쟁터에 나갔던 크라수스가 죽고, 폼페이우스에게 시집보냈던 카이사르의 딸도 죽었어요. 폼페이우스는 아내가 죽자 딴마

음을 품었어요. 장인어른이었던 카이사르와의 인연이 끊어졌기 때문이었지요.

　카이사르의 힘이 너무 커질까 봐 걱정하던 원로원은 재빨리 폼페이우스와 손잡았어요. 그러고는 갈리아에 있는 카이사르에게 명령을 내렸어요.

　"갈리아를 정복했으니 당장 군대를 두고 돌아오라."

　이 명령대로 카이사르가 혼자 돌아갔다면 폼페이우스와 원로원 손에 죽임을 당했을지 몰라요. 그러나 카이사르는 음모를 눈치채고서 묵묵히 군대를 이끌고 로마로 향했어요. 카이사르의 군대는 어느덧 갈리아와 로마의 경계인 루비콘강 앞에 이르렀어요. 로마법에 따르면 장군은 여기서 무기를 모두 내려놓고 강을 건너야 했어요. 적군과

싸울 때 썼던 무기를 내려놓는 행동은 조국 로마에 충성한다는 뜻이었지요. 만약 이 법을 어기면 로마를 상대로 싸우겠다는 뜻으로 받아들여졌어요.

결국 카이사르는 반역자로 몰릴 위험을 무릅썼어요. 단호하게 한마디를 내던지며 부하들과 함께 강을 건넜지요.

"주사위는 던져졌다!"

카이사르가 로마로 군대를 몰고 오자 원로원은 발칵 뒤집혔어요. 카이사르를 배신한 폼페이우스는 허둥지둥 달아났다가 이집트에서 죽음을 맞았어요. 반대 세력을 누른 카이사르는 소아시아를 정복하러 떠났어요. 또다시 승리를 거둔 카이사르는 여유롭게 웃으며 로마에 짤막한 소식을 전했어요.

"왔노라, 보았노라, 이겼노라!"

공화정을 지키려는 사람들의 반격

권력을 잡은 카이사르는 여러 개혁을 실시했어요. 원로원에서 논의한 내용은 그다음 날 로마 광장에 써 붙여 누구나 보게 했어요. 세금을 공정하게 거뒀고, 가난한 사람들에게 곡물을 싼값으로 나누어 주었어요. 이러한 개혁은 평민들로부터 큰 인기를 얻었어요. 하지만 귀족들은 카이사르를 의심에 찬 눈으로 바라보았어요.

"저러다가 왕이 되지 않을까?"

앞면에 카이사르(왼쪽), 뒷면에 베누스를(오른쪽) 새긴 로마 은화

귀족들이 괜히 걱정하는 게 아니었어요. 카이사르는 공화정 이전에 왕들이 입었던 자주색 옷을 걸쳤고, 은화 앞면에는 왕관을 쓴 자기 얼굴을, 뒷면에는 베누스 여신을 새겼어요. 베누스는 로마를 건국한 아이네이아스의 어머니예요. 그러니까 카이사르는 자신이 아이네이아스의 후손이라며 뻐긴 거예요.

"쳇, 왕들이 하는 짓이랑 똑같잖아! 자기가 신이라도 된 것처럼 굴고 말이야."

카이사르는 혼자 권력을 틀어쥐려고 독재관 자리까지 노렸어요. 독재관은 로마에 비상사태가 벌어졌을 때 임명하는 최고 권력자로, 6개월만 임무를 맡을 수 있었어요. 그런데 카이사르는 독재관이 된 다음, 독재관의 임기를 없애 버렸어요.

"하하하, 나는 죽을 때까지 혼자 권력을 휘두를 것이다."

귀족들은 마음대로 권력을 휘두르는 카이사르를 더는 두고 볼 수 없었어요.

율리우스력

카이사르는 이집트의 태양력을 도입해 새로운 달력을 만들었어요. 카이사르의 씨족 이름인 율리우스에서 이름을 따서 이 달력을 율리우스력이라고 불러요. 율리우스력은 1582년 수정되어 오늘날의 그레고리우스력이 되었어요. 그레고리우스력은 오늘날 우리나라를 비롯한 대부분의 나라에서 쓰는 달력이에요.

〈카이사르의 죽음〉 (빈센조 카무치니 그림)

"공화정을 지키려면 카이사르를 없애야 합니다!"

기원전 44년, 카이사르는 귀족들 손에 죽임을 당했어요. 카이사르가 혼자 권력을 휘두른 건 로마를 위해서였을까요, 아니면 끝없는 야심 때문이었을까요?

로마 장군들의 마음을 사로잡은 클레오파트라

카이사르가 도망친 폼페이우스를 쫓아 이집트에 갔을 때였어요. 어느 날 밤, 카이사르는 둘둘 말린 카펫을 선물로 받았어요. 카펫을 풀자 갑자기 아름다운 여인이 튀어나왔지요. 이집트의 여왕 클레오파트라였어요.

극적으로 만난 두 사람은 단번에 사랑에 빠졌어요. 덕분에 클레오파트라는 권력 다툼을 벌이던 남동생을 몰아내고, 이집트의 독립도 보장받았어요.

카이사르가 암살된 뒤 클레오파트라는 또 다른 로마의 장군 안토니우스와 사랑에 빠졌어요. 그러나 악티움 해전에서 로마에 패배한 뒤 스스로 목숨을 끊고 말았지요.

클레오파트라를 마지막으로 이집트의 프톨레마이오스 왕조는 무너졌고, 이집트는 로마의 지배를 받게 되었어요. 클레오파트라의 사랑은 어쩌면 안팎으로 위기에 처한 이집트를 구하려는 방법이었는지 몰라요.

〈안토니우스와 클레오파트라의 만남〉
(로렌스 알마 타데마 그림)

벽돌로 만든 로마를 물려받아
대리석으로 만든 로마를 남기노라

로마 제국 수립(기원전 27년)

카이사르를 암살한 사람들은 자신들이 공화정을 지켜 냈다고 주장했어요. 그러나 평민들의 반응은 싸늘했어요. 그들에게는 카이사르만 한 지도자가 없었어요.
　"공화정을 지켜 냈다고? 흥, 공화정이 뭐 그리 중요해?"
　공화정이 유지되느냐, 무너지느냐는 평민들에게 하나도 중요하지 않았어요. 높은 지위와 체면을 지키는 데 급급한 원로원과 피비린내 나는 권력 다툼이 지긋지긋할 뿐이었어요.
　카이사르는 죽기 전에 양자 옥타비아누스를 후계자로 정해 놓았어요. 그러나 옥타비아누스는 아직 젊었고, 카이사르의 부하 안토니우스가 호시탐탐 그의 자리를 넘보았지요. 로마는 그라쿠스 형제의 개혁이 실패한 이후 떠오른 문제들을 해결하고 안정을 찾아야 했어요. 원로원을 살살 달래는 지혜도 필요했지요. 옥티비아누스는 이렇듯 어려운 상황을 어떻게 헤쳐 나갔을까요?

안토니우스와 옥타비아누스의 대결

카이사르가 갑작스럽게 죽음을 맞았지만, 미리 써 둔 유언장이 있었어요.

"내가 가진 돈의 일부를 로마 시민들에게 나눠 준다."

유언장이 공개되자 시민들은 감정이 북받쳐 올랐어요.

"카이사르는 가난한 우리 편이었다. 카이사르를 죽인 놈들을 처단하라!"

카이사르의 부하 안토니우스는 이런 분위기를 이용하여 복수에 나섰어요. 실은 안토니우스는 야심을 품고 있었어요.

'복수하고 나서 카이사르의 뒤를 이어야지!'

하지만 카이사르가 후계자로 정해 둔 사람은 따로 있었어요. 누나의 손자 옥타비아누스였어요. 옥타비아누스는 열여덟 살밖에 되지 않았지만 영리했어요.

'정치에 섣불리 덤벼들면 안 돼. 경험 많은 장군들과 손잡고서는 기회를 엿봐야겠어.'

옥타비아누스는 안토니우스, 레피두스와 함께 권력을 잡았어요. 세 사람이 권력을 나눠 가지며, 2차 삼두 정치가 시작되었지요. 그런데 레피두스의 군대가 안토니우스의 군대로 들어가면서 지도자는 둘만 남게 되었어요.

안토니우스와 옥타비아누스 사이에 본격적인 힘겨루기가 시작되

었어요. 그런데 안토니우스가 이집트에 갔다가 클레오파트라와 사랑에 빠졌어요. 옥타비아누스에게 기회가 찾아온 거예요. 옥타비아누스는 이때다 싶어 나쁜 소문을 퍼뜨렸어요.

"사랑에 눈먼 안토니우스가 로마를 통째로 이집트 여왕에게 갖다 바칠 것이다!"

로마 시민들은 술렁였어요.

악티움 해전을 묘사한 조각

"안토니우스의 막강한 군대가 돈 많은 이집트와 손잡으면 로마가 큰 위험에 빠질 거야!"

결국 옥타비아누스는 군대를 이끌고 이집트로 떠났어요. 기원전 31년, 그리스의 악티움 앞바다에서 운명의 대결이 펼쳐졌어요. 승리의 여신은 옥타비아누스 편이었지요. 옥타비아누스는 이집트를 손에 넣었고, 드디어 로마 최고의 권력자가 되었어요.

팍스 로마나를 연 최초의 황제

옥타비아누스는 카이사르와 달리 상황을 두루 파악하면서 신중한 모습을 보였어요.

'까딱 잘못하다가는 나도 귀족들 손에 죽을 수 있어.'

그는 공화정의 전통을 유지하면서 원로원의 권위를 인정해 주었어요.

"저는 로마의 제1시민일 뿐입니다. 시민들과 똑같은 위치에서 로마를 다스리겠습니다."

이렇게 겸손한 태도를 보이자 원로원은 기원전 27년에 '아우구스투스'라는 칭호를 바쳤어요. 아우구스투스는 '존엄한 사람'이라는 뜻이에요. 칭호야 어떻든, 아우구스투스는 황제와 다름없었어요. 이때부터 로마는 황제가 다스리는 제정으로 접어들어요. 결국 공화정이 무너지고 황제 한 사람이 로마를 다스리게 된 거예요.

아우구스투스는 벽돌로 만든 건물들을 대리석으로 다시 짓고, 웅장한 아우구스투스 광장도 만들었어요. 그러고는 자랑삼아 말했어요.

"벽돌로 만든 로마를 물려받아 대리석으로 만든 로마를 남기노라."

곳곳이 대리석으로 반짝이는 가운데 로마는 어엿한 제국의 모습을 갖추었어요. 때로는 황제와 귀족이 충돌하기도 했지만, 로마는 쑥쑥 커 갔어요. 1세기 말부터는 네르바를 시작으로 현

아우구스투스 조각상 (바티칸 박물관)

명한 황제 다섯 명이 잇따라 등장했어요. 이들을 5현제라고 불러요. 5현제가 다스리는 동안 로마는 영토를 최대한 넓혔고 정치와 경제도 안정되었어요.

"로마의 힘으로 지중해 세계에 평화가 찾아왔다!"

로마 사람들은 자부심을 느끼며 한목소리로 외쳤어요. 이 시기를 '로마의 평화', 라틴어로는 '팍스 로마나'라고 불러요.

《명상록》을 남긴 마르쿠스 아우렐리우스

5현제 중 마지막 황제인 마르쿠스 아우렐리우스는 책을 읽거나 생각에 잠기기를 좋아했어요. 하지만 외적이 자꾸 쳐들어오는 바람에 전쟁터에 나갈 때가 많았어요. 그는 전쟁터에서 틈틈이 자기 자신에게 글을 썼는데, 훗날 《명상록》으로 출간되었어요. 이 책에는 자신의 약점을 솔직히 인정하는 한편 인생의 도전에 맞서 노력하는 아우렐리우스의 모습이 자세히 나와 있어요.

 **한눈에 쏙! 로마사 돋보기**

네로 황제는 정말 폭군이었을까?

로마의 제5대 황제 네로는 어머니와 형제, 부인을 죽이고 크리스트교 신자들을 억압한 폭군으로 유명해요.

하지만 네로가 나쁜 일만 저지르지는 않았어요. 네로는 전차 경주에 직접 참여하거나 연극 무대에서 연기를 하며 시민들과 스스럼없이 어울렸어요. 공공건물 건축 사업을 벌여 시민들에게 일자리를 주는 정책도 펼쳤어요. 잔치를 열 때 노예나 검투사처럼 신분이 낮은 사람들에게 좋은 자리를 내주는 파격적인 행동도 서슴지 않았지요.

시민들은 소탈한 네로를 좋아했어요. 하지만 귀족들은 네로가 황제의 권위를 떨어뜨리고 지배층의 체면을 깎는다고 생각했어요. 귀족들은 네로의 좋은 업적은 숨기고 나쁜 일을 강조해서 기록을 남겼어요. 네로의 좋은 면이 감춰진 이유예요.

한편 네로는 분수대, 정원, 목욕탕, 인공 호수 등이 있는 화려한 황금 궁전을 지어 시민들의 분노를 사기도 했어요. 네로의 황금 궁전은 금과 보석으로 벽을 장식했고, 곳곳에 프레스코 벽화를 그렸다고 해요.

네로의 황금 궁전 유적지

> 로마 사람들은 길을 내는 데 선수들이었어.

— 로마의 주요 도로

'팍스 로마나'라고 불린 전성기에 로마 제국의 영토는 지중해를 빙 둘러쌌어요. 유럽 대부분과 북아프리카 해안, 이집트, 심지어 서아시아 일부도 로마 제국의 땅이었어요. 그토록 넓은 제국을 로마 사람들은 어떻게 관리하고 유지했을까요?

로마 제국은 도로를 만들어 그물망처럼 연결했어요. 사방으로 뻗은 길을 통해 황제의 명령이 구석구석 전달되었고, 로마 문화가 멀리까지 퍼져 나갔어요.

로마 제국은 생활을 편리하게 만드는 데에도 힘을 쏟았어요. 상수도 시설을 만들고 수도교를 놓아 물을 공급했어요. 더러운 물을 흘려보내는 하수도 시설도 갖추었어요. 여럿이 함께 목욕을 즐기는 공중목욕탕, 검투사 싸움이나 전차 경주를 관람하는 경기장도 건설했지요. 이처럼 로마는 실제로 생활에 필요한 실용적인 문화를 발전시켰어요.

로마 제국 구석구석까지 뻗은 도로

이탈리아반도에서 정복 전쟁이 한창이던 어느 날, 로마 병사들이 터덜터덜 길을 걷고 있었어요.

"며칠 비가 쏟아지더니 길이 너무 질척거리네. 갈 길이 먼데 큰일이야."

길이 험하면 병사들이 이동하는 속도가 느려졌고, 식량과 무기 등 전쟁에 필요한 물품도 운반하기 힘들었어요.

"이렇게 꾸물대서는 전쟁에 이길 수 없습니다. 하루빨리 도로를 건설해야 합니다."

감찰관 아피우스가 원로원에서 힘주어 말했어요. 이 제안에 따라 기원전 312년부터 '아피우스 가도'가 건설되었어요. 로마에서 뻗어 나간 이 도로는 이탈리아반도 남부까지 이어졌어요. 그리스나 이집트로 건너가려면 반드시 이 길을 지나가야 했지요.

이후 로마는 정복 활동에 발맞추어 곳곳에 도로를 놓았어요. 끊임없이 도로를 건설하다 보니 로마 사람들은 길을 만드는 데 도가 텄어요. 직선으로 길을 내는 노하우도 생겼지요. 직선으로 측량한 다음 1미터 정도 흙을 파내고 그 안에 여러 층으로 돌을 쌓고, 단단한 돌판으로 도로를 덮었어요. 도로의 중앙은 조금 불룩하게 만들고, 길 양옆에 배수로를 내어 빗물이 잘 빠져나가게 했지요. 이렇게 건설된 도로는 오늘날의 아스팔트 길 못지않게 단단했어요.

"산이 가로막고 있으면 터널을 뚫고, 강이 흐르면 다리를 놓으면 됩니다."

로마 사람들의 뚝심은 대단했어요. 주요 도로만 어림잡아도 8만 킬로미터가 넘는 도로를 건설했지요.

"모든 길은 로마로 통한다."

이 말처럼 로마 제국은 곳곳이 연결되어 있었어요. 이러한 도로망을 통해 사람들과 물자가 활발하게 오갈 수 있었지요. 로마 제국을 원활하게 다스리고 문화를 멀리멀리 퍼뜨리는 데 도로망은 큰 도움이 되었어요.

아피우스 가도 (이탈리아)

물이 흘러가는 길, 수도교

로마 사람들은 도시에 물을 공급하기 위해 상수도 시설을 만들었어요. 꽤 멀리 떨어진 계곡에서 도시까지 물을 끌어왔는데, 수도관이 강을 통과하는 곳에는 둥근 아치 모양이 반복되는 다리를 놓았어요. 이 아름다운 다리가 바로 수도교예요. 수도교의 맨 위층으로 끌어온 물이 흘러갔고, 아래층으로는 사람이나 말, 마차가 지나다녔어요.

수도교 (프랑스 가르강)

실용적이면서도 아름다운 건축물

 로마 사람들은 생활에 실제로 필요한 것을 중요하게 생각했어요. 무료로 물을 마실 수 있는 분수대, 많은 사람들이 이용할 수 있는 공중목욕탕과 같은 공공시설을 만들었고, 생활을 편리하게 바꾸는 데 힘을 쏟았어요. 그래서 로마 문화는 실용적이라는 평가를 받고 있어요.

 건축물도 겉으로만 화려하기보다 각각의 용도에 맞춰 적합하게 지었어요. 매우 유명한 건축물로 콜로세움이 있어요. 콜로세움이라는 이름은 옆에 있던 거대한 동상에서 유래했어요. 라틴어로 거

대한 조각상을 콜로수스라고 하거든요.

콜로세움은 거대한 원형 경기장으로 수만 명이 들어갈 수 있었어요. 황제나 힘이 있는 귀족이 시민들에게 인기를 얻기 위해 이곳에서 여러 행사를 열고 무료로 입장권을 나눠 주었어요.

"와와, 더 세게 쳐라!"

콜로세움에서 검투사 경기를 보며 사람들은 고래고래 소리를 질렀어요. 그렇게 구경에 몰두하며 걱정이나 스트레스도 날려 버렸지요. 때로는 콜로세움에 물을 채워 모의 해상 전투를 벌이기도 했어요.

판테온 (이탈리아)

판테온 안의 돔 천장

판테온은 로마 사람들이 믿는 모든 신을 모셔 둔 신전이에요. 판테온의 둥근 돔 천장은 하늘이 세상을 품듯 로마가 세계를 지배하는 것을 상징해요.

25만 명이나 들어갈 수 있는 전차 경기장도 있었어요. 그렇게 거대한 건축물을 어떻게 만들었을까요? 엄청난 무게가 한곳에 집중되면 건축물은 무너지고 말아요. 로마 사람들은 곡선 모양의 '아치'를 만들어 무게를 여러 지점에 나누었어요. 그리고 화산재와 석회를 섞어 만든 콘크리트로 튼튼하게 건축물을 만들었지요.

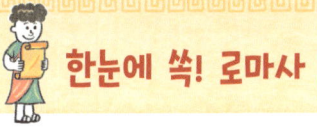

한눈에 쏙! 로마사 돋보기

로마의 공중목욕탕

    로마 황제들은 으리으리한 공중목욕탕을 지어 권위를 뽐냈어요. 디오클레티아누스 목욕탕은 가장 큰 규모로 손꼽혀요. 한꺼번에 약 3천 명이 들어갈 수 있었어요.

    로마의 공중목욕탕은 입장료가 없거나 매우 저렴해서 가난한 사람들도 이용할 수 있었어요. 공중목욕탕에는 운동장, 정원, 도서관, 세미나 공간, 휴게실 등 다양한 시설이 갖춰져 있었어요. 이곳에서 로마 사람들은 느긋하게 쉬면서 모임을 갖거나 회의를 열기도 했어요.

    당시에는 비누가 없었는데 어떻게 목욕했을까요? 로마 사람들은 먼저 몸에 기름을 바르고 가벼운 운동을 해서 땀을 낸 다음 온탕, 열탕, 냉탕을 거치며 목욕했어요. 때를 밀 때는 쇠로 된 긁개를 사용했고요.

로마 제국 목욕탕
(영국 배스)

"뭐? 북쪽 국경이 뚫렸다고? 동쪽에서 외적이 쳐들어온 지 얼마나 됐다고……."

"당장 군대를 출동시켜라!"

3세기부터 시작된 외적의 침입은 갈수록 심해졌어요. 로마 제국이 공들여 쌓은 평화는 어느새 흔들리기 시작했지요.

외적을 막느라 바쁜 사이, 군대가 슬금슬금 세력을 키웠어요. 군대를 등에 업은 장군들이 걸핏하면 군대를 끌고 와서 황제를 죽이고 자신이 황제 자리에 올랐어요. 이러한 난장판 속에 235년부터 284년까지 50년 동안 툭하면 황제가 바뀌었어요. 대부분 칼부림이 나서 황제가 일찍 죽음을 맞았어요.

정치가 어지러우니 경제도 심각한 위기를 맞았어요. 물가가 너무 치솟아 많은 사람들이 가난에 허덕였어요. 로마 제국이 멸망으로 치닫던 바로 그때, 디오클레티아누스 황제가 구원 투수처럼 등장했어요.

군인 황제 시대를 끝장낸 디오클레티아누스

5현제 중 마지막 황제인 마르쿠스 아우렐리우스는 친아들 콤모두스에게 황제 자리를 물려주었어요. 콤모두스는 아버지 아우렐리우스와는 달리 현명하지 못했어요.

"나는 로마의 헤라클레스다. 덤벼라!"

검투사 경기에 출전해 힘자랑이나 할 줄 알았지, 외적의 침입을 막거나 나라를 보살피는 일은 뒷전이었어요. 황제로서 여러모로 부족했지요. 결국 콤모두스는 암살당했어요.

이후 여러 황제가 즉위했지만 암살당하며 로마는 혼란에 빠졌어요. 엎친 데 덮친 격으로 외적의 침입도 갈수록 심해졌어요. 260년, 발레리아누스 황제는 사산 왕조 페르시아와 싸우다가 사로잡히기까지 했어요. 로마 사람들은 굴욕감을 느끼며 술렁댔어요.

"황제가 무릎을 꿇었다며? 팍스 로마나는 옛말이 되었구나."

쉴 틈 없이 외적과 싸우는 동안 군대의 장군들은 기세등등해져서

사산 왕조 페르시아에 굴복한 로마 황제

사산 왕조 페르시아는 3세기 초 오늘날 이란에 있었던 나라예요. 점점 세력을 키우며 로마 제국의 동쪽 변경을 위협했지요. 사산 왕조 페르시아의 샤푸르 1세는 로마 군대와 싸워 큰 승리를 거두었어요. 그러고는 증거라도 남기듯 바위에 당시 모습을 새겨 놓았어요.

로마 황제 발레리아누스를 사로잡은 샤푸르 1세를 새긴 조각 (이란 낙시 에 로스탐)

황제 자리까지 넘보았어요. 235년부터 50년 동안, 장군들이 제멋대로 황제를 죽이고 스스로 황제가 되면서 군인 황제 시대가 펼쳐졌지요.

그 무렵 오늘날 크로아티아의 가난한 집안에서 디오클레티아누스가 태어났어요. 디오클레티아누스는 보잘것없는 신분이었지만 일찍부터 군대에 들어가 능력을 발휘했어요. 전투마다 빛나는 승리를 거두었을 뿐만 아니라 리더십도 강해서 병사들 사이에 인기가 많았지요. 마침내 디오클레티아누스는 병사들의 열렬한 지지를 받으며 로마 황제 자리에 올랐어요.

황제가 된 디오클레티아누스는 막강한 권력을 휘두르며 정치를 안

정시켰어요. 디오클레티아누스는 금화의 앞면에는 자신의 얼굴을, 뒷면에는 유피테르 신의 모습을 새겼어요. 유피테르는 그리스 신

디오클레티아누스(금화 앞면), 유피테르(뒷면)

화의 제우스로 최고의 신이었지요. 유피테르 신처럼 로마를 다스리겠다는 뜻을 널리 알린 거예요. 베누스 여신의 핏줄이라고 으스댄 카이사르보다 한술 더 뜬 셈이에요. 이렇게 강력한 황제가 등장한 덕분에 군인 황제 시대는 슬그머니 자취를 감추었어요.

네 명의 황제가 다스리는 체제를 세우다

디오클레티아누스가 아무리 막강해도, 여기저기서 쳐들어오는 외적을 혼자 감당할 수는 없었어요. 황제가 전쟁터에 나간 사이, 로마 제국 어디선가 반란이 일어날 수도 있었고요.

"한 사람이 다스리기에 로마 제국은 너무 넓다."

디오클레티아누스는 좋은 방법을 생각해 냈어요. 로마 제국을 동부와 서부로 나누어 각각 황제를 두고 그 아래에 부황제를 한 명씩 두어 네 명이 제국을 다스린 거예요. 최고 결정권은 동부를 맡은 디오클레티아누스가 가졌어요. 네 사람은 저마다 책임을 다해 로마 제국을 이끌어 갔어요. 당시 네 명의 황제가 협력하는 모습은 화폐나 조각상에 새겨져 널리 퍼져 나갔어요.

 디오클레티아누스는 경제 개혁에도 힘썼어요. 화폐를 안정적으로 공급하고, 물가가 지나치게 오르는 것도 막았어요. 세금 제도도 고쳤지요. 그러고는 슬슬 은퇴할 준비를 했어요.
 "황제도 20년 다스리고 나면 물러나야 한다."
 디오클레티아누스는 황제들의 임기를 정하고, 305년에 부황제 막시미아누스와 함께 스스로 자리에서 물러났어요. 그 뒤 정치가 다시 혼란에 빠지자 막시미아누스가 디오클레티아누스를 찾아갔어요.
 "이대로 시골에서 썩으실 겁니까? 다시 돌아가 질서를 바로잡읍시다."
 이 말을 들은 디오클레티아누스는 막시미아누스를 양배추 밭으로

네 황제가 협력하는 모습을 나타낸 조각 (이탈리아 베니치아의 산마르코 대성당)

데려갔어요.

"내가 기른 양배추를 먹어 보면 자네의 생각도 바뀔 것이네."

한때 황제였던 디오클레티아누스는 그렇게 조용히 살다가 생을 마쳤어요.

 **한눈에 쏙! 로마사 돋보기**

로마 제국의 경제 위기, 인플레이션

　로마 제국 초기에는 금화와 은화에 금이나 은이 100% 가까이 들어 있었어요. 로마의 금화와 은화는 지중해 일대는 물론 인도에까지 유통되었지요. 하지만 로마에 위기가 닥친 3세기에는 화폐에도 문제가 생겼어요.

　"전쟁에 돈이 엄청 들어간다. 화폐를 빨리 만들어라."

　돈이 많이 필요하다 보니 금이나 은을 조금만 넣어 화폐를 잔뜩 만들기 시작했어요. 이러한 화폐가 사용되자 물가가 마구 치솟았어요. 가난한 사람들은 생활이 더욱 어려워졌어요. 가치가 떨어진 로마 화폐를 외국에서 받지 않는 사태까지 벌어졌지요.

　이런 문제를 해결하기 위해 디오클레티아누스는 새로운 금화를 만들어 화폐 제도를 개혁했어요. 또한 밀, 보리, 채소, 생선 등 생활에 꼭 필요한 물품의 가격이 너무 오르지 않도록 감독했어요. 그러나 로마 제국의 경제는 쉽게 안정되지 않았답니다.

240년대, 순도 40%　　　　250년대, 순도 30%

260년대, 순도 20%　　　　270년대, 순도 5%

은 함량이 점점 줄어든 로마 은화

"외적이 뻔질나게 쳐들어오더니 이번엔 무서운 병까지 도네."
"엄청난 지진도 일어났잖아!"

3세기에 갖은 위기가 닥치자, 로마 사람들은 신들이 벌을 내린 거라고 생각했어요. 방법은 하나! 신들에게 정성껏 제사를 올리는 수밖에 없었어요.

"모든 시민은 제사에 참여하라!"

황제가 명령을 내렸고, 관리들은 제사를 잘 지내는지 감독하러 다녔어요. 하지만 크리스트교 신자들은 이 명령을 따르지 않아서, 끌려가 혹독한 벌을 받았어요.

디오클레티아누스도 크리스트교가 로마의 전통을 무시하며 사회 질서를 어지럽힌다고 생각했어요. 그래서 어느 때보다도 엄하게 크리스트교를 탄압했어요.

그런데 얼마 지나지 않아 로마 제국은 크리스트교를 받아들이게 돼요. 콘스탄티누스가 결단을 내렸거든요. 어떻게 이런 변화가 일어났을까요?

탄압을 뚫고 로마에 퍼져 나간 크리스트교

1세기 중반부터 새로운 종교가 로마 제국으로 퍼져 나가기 시작했어요. 바로, 크리스트교였어요.

"디아나 여신의 조각상입니다. 이걸 사서 기도하면 아무 탈 없이 아기를 낳을 거예요."

"안 그래도 불안했는데…… 하나 주세요."

임신한 여성이 조각상을 막 사려던 순간, 지나가던 크리스트교 신자가 대뜸 참견하고 나섰어요.

"사람이 만든 것을 어찌 신으로 모신단 말입니까? 신은 오직 하나입니다."

"뭣이 어째? 네가 뭔데 장사를 망쳐!"

여러 신을 믿는 로마 제국에서 신은 오직 하나라고 믿는 크리스트교는 쉽게 받아들여지지 않았어요. 따가운 눈총을 받던 크리스트교는 2세기부터 불법 종교가 되어 가혹한 탄압을 받았어요. 외적의 침입에 전염병, 지진, 인플레이션 등이 겹친 3세기부터는 크리스트교와 로마 제국의 갈등이 더욱 심해졌어요.

"자꾸 재앙이 닥치는 것은 우리 신들이 노하셨기 때문이다. 예로부터 지내던 제사를 성대하게 거행하고, 참여하지 않는 시민은 모조리 잡아들여라."

디오클레티아누스도 크리스트교 탄압에 열을 올렸어요. 하지만 크리스트교 신자들의 믿음은 꺾이지 않았어요. 본보기 삼아 신자들을 처형하고, 재산을 빼앗고, 교회를 부수고, 성경을 불태워도 아무 소용이 없었어요.

크리스트교를 받아들이고 강력한 황제가 되다

'무슨 일이 있어도 막센티우스를 꺾어야 할 텐데……..'

콘스탄티누스는 로마 전체를 지배하는 황제가 되기 위해 막센티우스와 전투를 앞두고 있었어요. 그러던 어느 날, 꿈속에서 신기한 계시를 받았어요.

'이 표시로 승리하리라!'

콘스탄티누스가 꿈에서 본 표시는 X와 P를 합친 모양이었어요. 콘스탄티누스는 이 표시를 군사들의 방패에 새기고 전투에 나가 승리를 거두었어요.

313년, 신비로운 일을 겪은 콘스탄티누스는 밀라노로 가서 칙령을 발표했어요.

"크리스트교를 공식적으로 인정한다. 로마 제국에서는 누구나 종교의 자유를 누릴 것이다."

예수의 상징 ☧

콘스탄티누스가 막센티우스와 싸울 때 방패에 새긴 X와 P는 영어가 아니라 그리스어예요. X는 영어로 Ch이고, P는 R이에요. 두 글자를 합하면 예수의 칭호인 크리스토스(Christos)의 첫 두 글자가 되지요. 이 표시는 콘스탄티누스 황제 때 발행된 주화에도 새겨져 있어요.

콘스탄티누스 황제 주화 뒷면

그 뒤 콘스탄티누스는 강력한 황제가 되어 넷으로 나뉘었던 로마 제국을 다시 하나로 합쳤어요. 그러고는 새로운 수도를 건설했어요. 천 년 넘게 수도였던 도시 '로마'는 케케묵은 전통에 얽매여 있어서 크리스트교 제국의 수도로 적합하지 않았어요.

콘스탄티누스가 선택한 곳은 고대 그리스의 도시 비잔티움이었어요. 오늘날 튀르키예의 이스탄불이에요.

"외적이 공격하기 어려운 지형이군. 더구나 경제적으로 풍요로워. 새로운 수도로 안성맞춤이야."

이곳은 로마 제국의 새로운 수도가 되면서 '콘스탄티노폴리스'라고 불리게 되었어요. '콘스탄티누스의 도시'라는 뜻이에요.

콘스탄티누스 개선문 (이탈리아)

게르만족의 대이동 속에 기울어 가는 로마

　로마 제국의 북쪽 국경 너머에는 게르만족이 살고 있었어요. 게르만족은 앵글족, 색슨족, 동고트족, 서고트족 등을 통틀어 부르던 말이에요. 이들은 슬금슬금 로마 국경을 넘어와 약탈해 가거나, 은근슬쩍 로마 제국 땅에 눌러앉기도 했어요. 돈을 받는 용병이 되어 로마 군대에 들어오기도 했어요. 그러다 4세기 후반에 로마 제국으로 대대적인 이동을 시작했어요. 동쪽에서 훈족이 쳐들어왔거든요.

　"엄청 빠르고 잔인한 놈들이 몰려온다. 어서 피하자."

　게르만족은 정든 고향을 버리고 훈족을 피해 로마로 왔어요. 이들이 갑자기 한꺼번에 밀려들자 로마 제국은 혼란에 빠졌어요.

　게르만족의 대이동이 가져온 혼란 속에 로마 제국은 갈수록 기울

었어요. 그 와중에도 크리스트교 신자들은 날이 갈수록 무섭게 불어 났어요. 삶에 지친 사람들을 따뜻하게 감싸 주면서, 죽음 이후에 또 다른 세계가 있다는 희망을 주었기 때문이에요.

392년, 여러 신을 믿던 로마의 전통을 너끈히 제압한 크리스트교는 마침내 로마의 국교가 되었어요.

"로마 제국은 크리스트교를 국교로 정한다. 앞으로 다른 종교는 모두 금지한다."

테오도시우스 황제는 이렇게 선언하며 여러 신에게 지내던 제사를 금지했어요. 200년간 탄압받았던 크리스트교가 어느새 로마 종교에서 가장 큰 세력이 된 거예요. 이후 많은 신전들이 크리스트교의 교회로 바뀌었고, 로마 사람들은 누구나 크리스트교를 믿게 되었어요.

한눈에 쏙! 로마사 돋보기

유럽과 아시아를 공포에 떨게 한 훈족

아틸라 조각 (이탈리아 체르토사 디 파비아 수도원)

훈족은 오늘날 중앙아시아, 러시아 남부, 몽골, 중국 북부와 서부에 걸친 지역에 살았어요. 이들이 세운 드넓은 제국에는 다양한 민족과 문화가 어우러져 있었지요.

중국에서 '흉노'라고 불렀던 사람들도 아마 훈족일 거예요. 이들의 공격을 두려워한 진시황은 만리장성을 쌓았고, 한나라 무제는 동맹국을 찾기 위해 장건을 서역에 보냈어요.

훈족은 서쪽으로 세력을 뻗어 오면서 게르만족의 거주지와 로마 제국을 공격했어요. 5세기 중엽에는 아틸라가 이끄는 훈족의 군대가 벌집 쑤시듯 유럽을 공격하며 다녔지요. 유럽 사람들은 신이 벌주기 위해 아틸라를 보냈다고 믿었어요. 아틸라는 신의 채찍이라고 불리며 사람들에게 두려움을 줬어요. 이렇게 악명을 떨치던 아틸라는 중세 유럽의 서사시 《니벨룽겐의 노래》에도 등장하며 두고두고 기억되었어요.

로마에 가면 로마법을 따르라

서로마 제국 멸망(476년)

위기로 치닫던 로마 제국은 395년에 서로마 제국과 동로마 제국으로 두 동강이 났어요. 그 뒤 서로마 제국과 동로마 제국은 다른 길을 걸었어요.

게르만족의 침입에 더 시달린 쪽은 서로마 제국이었어요. 결국 476년에 서로마 제국은 게르만 용병 대장에게 멸망하고 말았어요. 서로마 제국이 무너진 자리에 게르만족은 여러 왕국을 세웠어요. 그렇게 게르만족은 로마 사람들을 제치고 역사의 전면에 등장했어요. 이후 서유럽에서는 게르만 문화와 로마 문화, 크리스트교 문화가 합쳐져 발전했어요.

게르만족의 침입을 덜 받은 동로마 제국은 서로마 제국보다 천 년이나 더 살아남았어요. 로마법을 집대성한 것도 동로마 제국이에요.

"우리 수도는 제2의 로마다. 로마 제국의 전통을 지켜 나갈 것이다."

서로마 제국이 멸망하다

395년, 테오도시우스 황제는 죽으면서 두 아들에게 로마 제국을 둘로 갈라 물려주었어요. 이때부터 로마 제국은 완전히 동서로 나뉘었어요. 그 뒤로 서로마 제국에서는 게르만족의 대이동으로 혼란이 계속되는 가운데 장군들이 황제를 쥐락펴락했어요. 막판에는 총사령관이 게르만족 용병 대장 오도아케르를 꾀면서 말했어요.

"내 아들을 황제로 만들어 주게. 그러면 감사의 표시로 큼지막한 땅을 떼어 주겠네."

하지만 막상 아들이 황제가 되자 총사령관은 시치미를 뚝 뗐어요. 오도아케르는 화가 머리끝까지 났어요.

"쳇, 내가 앉혀 준 황제, 쫓아내면 그만이지!"

476년, 오도아케르는 황제를 쫓아내고 스스로 이탈리아의 왕이 되었어요. 그러고는 서로마 황제의 왕관과 망토를 동로마 황제에게 보내 버렸어요. 이렇게 황제 자리가 텅 비면서 서로마 제국은 멸망하고 말았어요.

게르만족은 서로마 제국이 무너진 자리에 여러 왕국을 세우고, 서유럽의 역사를 이끌어 갔어요. 게르만족은 로마 제국의 땅은 빼앗았지만 로마의 제도와 문화를 무시할 수는 없었어요.

"오호, 로마는 칼이 아니라 법으로 질서를 유지했군."

"이제 우리 왕국도 법으로 다스립시다."

한편 서로마 제국의 수도였던 도시 로마는 여전히 크리스트교의 중심지로 위세를 떨쳤어요. 바울과 베드로가 예수의 말씀을 전하다가 목숨을 잃은 곳이자, 베드로를 계승한 교회가 있었기 때문이었지요.

"에헴, 천국으로 가려면 나를 믿고 따르셔야 합니다."

도시 로마에서는 '교황'이라고 불린 로마 교회의 대주교가 서유럽의 종교 생활을 이끌며 일상생활에까지 영향을 끼쳤어요.

로마법이 체계적으로 정리되다

로마 제국이 동서로 나뉜 뒤, 동쪽 지역에서는 동로마 제국이 발전했어요. 동로마 제국의 수도 콘스탄티노폴리스는 유럽의 동쪽 끝이자 아시아의 서쪽 끝에 있었어요. 그 덕분에 동로마 제국은 동서 무역의 중심지가 되어 이득을 톡톡히 보았어요. 흘러드는 여러 문화에 자극을 받으며 문화 수준도 높아졌지요.

교황 제도의 기원

서양 사람들은 교황을 아버지라는 뜻으로 파파(Papa)라고 불러요. 이 제도는 어떻게 시작되었을까요? 예수는 제자 베드로에게 하늘나라의 열쇠를 주겠다고 약속했어요. 로마 교회의 대주교 레오 1세는 베드로를 최초의 교황으로 삼고, 자신이 베드로의 후계자라며 45대 교황 자리에 올랐어요. 그때부터 약 2천 년 동안 교황 제도가 이어져 왔어요.

6세기 전반에는 뛰어난 황제 유스티니아누스가 나타났어요. 그는 로마 제국의 영광을 되살리기 위해 밤낮을 가리지 않고 일했어요.

"군사력은 이만하면 됐다. 자, 이제 로마 제국의 옛 땅을 되찾으러 가자!"

유스티니아누스는 북아프리카와 이탈리아를 게르만족의 손아귀에서 빼앗았어요. 그렇게 로마 제국의 옛 땅을 하나둘 되찾으면서 동로마 제국은 전성기를 맞았어요.

유스티니아누스의 가장 큰 업적은 로마법을 체계적으로 정리해 완성한 것이에요.

"로마에 가면 로마법을 따르라."

유스티니아누스 황제(가운데)와 군인, 관료, 성직자들을 그린 모자이크화 (이탈리아 산비탈레 성당)

이 속담처럼 로마법은 유명해요. 하지만 기원전 5세기에 12표법이 제정된 뒤 천 년이 넘도록 수많은 규정이 쌓이는 바람에 로마법은 뒤죽박죽이 되었어요.

　'이건 뜻이 정확하지 않네. 앞뒤가 안 맞는 규정도 많군.'

　로마법을 뒤지며 한숨짓던 유스티니아누스는 큰 결단을 내렸어요.

　"오랜 세월 흩어지고 뒤섞인 로마법을 모두 모아 정리하라."

　법률가들이 머리를 맞대고 고생한 끝에 《유스티니아누스 법전》을 완성했어요. 훗날 유럽 국가들은 이 법전을 바탕으로 법체계를 세웠어요.

한눈에 쏙! 로마사 돋보기

동로마 제국 황제가 이끈 그리스 정교

동로마 제국에서 크리스트교는 '그리스 정교'로 불리며 그리스를 중심으로 독특하게 발전했어요. 그리스 정교는 교황이 아닌 황제가 이끌었어요. 동로마 제국에서는 황제가 정치와 군사는 물론이고 종교까지 휘어잡았던 거예요.

동로마 제국 황제들은 서쪽에 있는 로마 교회까지 지배하려 들었어요. 8세기에는 예수나 예수의 어머니 성모를 표현한 그림이나 조각을 모조리 없애라고 명령했어요. 성경 말씀에 어긋난다는 이유였지요. 이때부터 교황과 사이가 틀어진 그리스 정교는 1054년, 교황이 지배하는 로마 가톨릭교회에서 완전히 떨어져 나왔어요.

오늘날 그리스 정교 신자들은 동유럽과 러시아에 많아요. 그리스 정교는 원래 하나였던 가톨릭교와 비슷한 면이 있어요. 하지만 교황의 지배에서 벗어나 있고, 예배당에 서서 예배를 보며 반주 없이 찬송가를 부르는 등 뚜렷한 차이점도 있어요.

성 바실리 러시아 정교회 성당

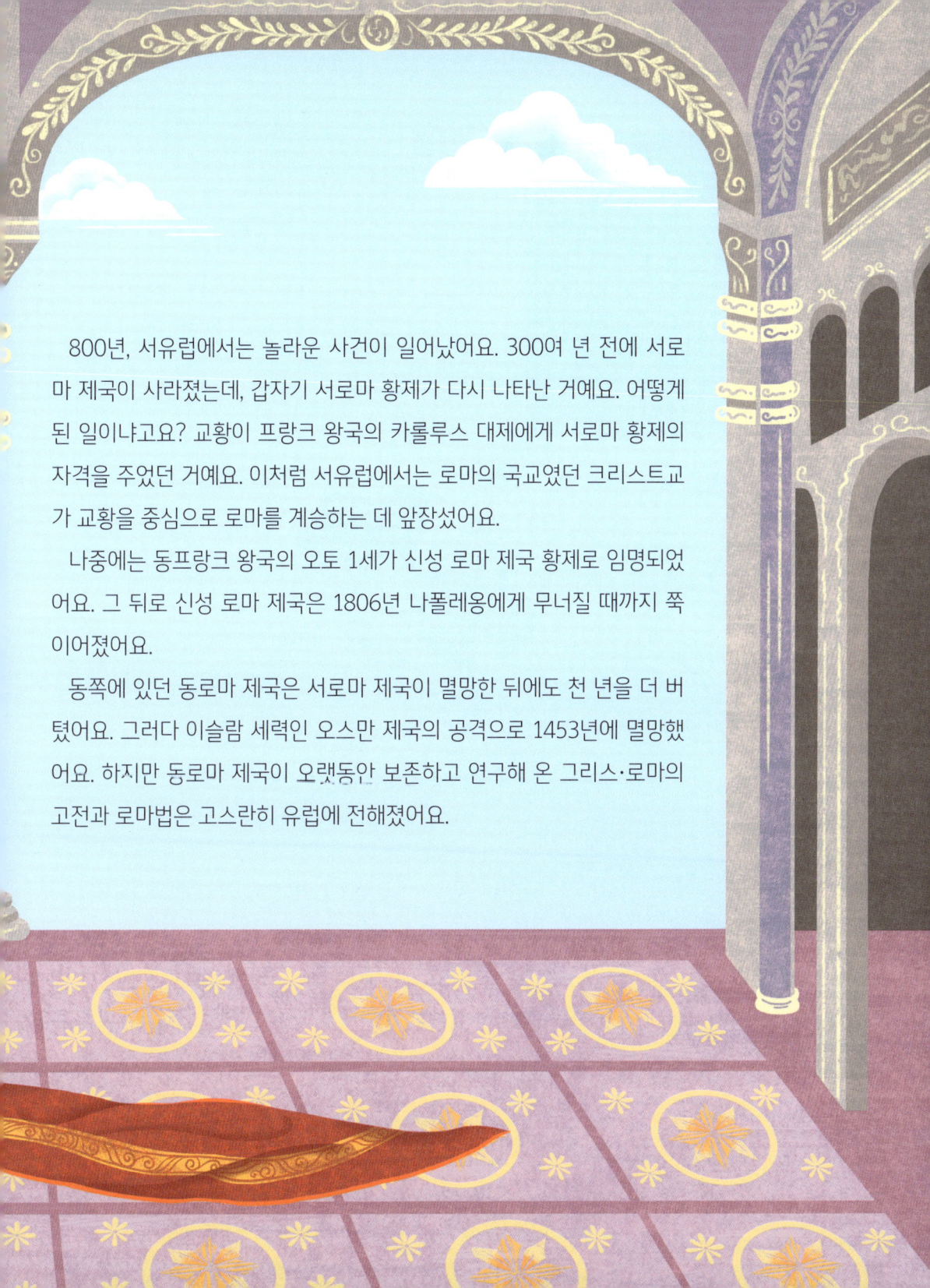

　800년, 서유럽에서는 놀라운 사건이 일어났어요. 300여 년 전에 서로마 제국이 사라졌는데, 갑자기 서로마 황제가 다시 나타난 거예요. 어떻게 된 일이냐고요? 교황이 프랑크 왕국의 카롤루스 대제에게 서로마 황제의 자격을 주었던 거예요. 이처럼 서유럽에서는 로마의 국교였던 크리스트교가 교황을 중심으로 로마를 계승하는 데 앞장섰어요.
　나중에는 동프랑크 왕국의 오토 1세가 신성 로마 제국 황제로 임명되었어요. 그 뒤로 신성 로마 제국은 1806년 나폴레옹에게 무너질 때까지 쭉 이어졌어요.
　동쪽에 있던 동로마 제국은 서로마 제국이 멸망한 뒤에도 천 년을 더 버텼어요. 그러다 이슬람 세력인 오스만 제국의 공격으로 1453년에 멸망했어요. 하지만 동로마 제국이 오랫동안 보존하고 연구해 온 그리스·로마의 고전과 로마법은 고스란히 유럽에 전해졌어요.

교황의 힘으로 다시 살아난 서로마

프랑크 왕국의 피핀이라는 사람은 가장 높은 관직에 오르자 왕위를 탐냈어요.

'왕의 자리는 신이 결정하는 것이니, 함부로 빼앗을 수 없다. 좋은 방법이 없을까?'

이때 롬바르드족이 쳐들어와 교황을 위협했어요. 피핀에게 절호의 기회가 찾아온 거예요.

"교황님, 제가 지켜 드릴 테니 아무 걱정 마세요. 교황님에게 땅도 드리지요."

피핀은 롬바르드족을 물리치고 이탈리아 중부 지역을 교황에게 바쳤어요. 그 대가로 피핀은 교황의 지지를 받으며 왕이 되었어요.

피핀의 아들 카롤루스 대제는 전쟁을 계속 벌여 서유럽을 거의 다 차지했고, 곳곳에 교회를 세워 크리스트교를 널리 퍼뜨렸어요.

바티칸 시국으로 발전한 교황령

피핀이 교황에게 넘긴 땅은 오랫동안 교황이 통치하다가 1929년에 이탈리아 왕국과 조약을 맺고 독립국이 되었어요. 이 나라가 바로 바티칸 시국이에요. 세계에서 가장 작은 나라인 이곳에는 '산 피에트로 광장'이 있어요. '산 피에트로'는 성인(聖人) 베드로의 이탈리아식 이름이에요. 산 피에트로 광장은 천국의 열쇠 모양을 하고 있어요. 최초의 교황인 베드로가 예수로부터 받았다는 하늘나라의 열쇠를 상징하지요.

산 피에트로 광장

교황은 카롤루스 대제가 무척 든든했어요.

'크리스트교를 지켜 줄 사람이 드디어 나타났군!'

800년, 교황은 크리스마스 미사 중에 카롤루스 대제의 머리 위에 무언가를 씌워 주었어요. 바로 서로마 황제의 관이었어요. 그 순간, 멸망했던 서로마 제국이 상징적으로나마 되살아났어요.

카롤루스 대제가 죽은 뒤 프랑크 왕국이 셋으로 나뉘자, 교황은 눈에 불을 켜고 새로운 지원군을 찾았어요. 10세기 중반에는 동프랑크의 오토 1세를 신성 로마 제국 황제로 임명했어요. 이후 신성 로마 제국 황제들이 크리스트교를 지키는 임무를 맡았어요.

동로마 제국 최후의 날

콘스탄티노폴리스를 에워싼 단단한 성벽 덕분에 동로마 제국은 외적이 쳐들어와도 끄떡없었어요. 하지만 오스만 제국이 세력을 뻗어 오면서 위기가 닥쳤어요.

"콘스탄티노폴리스의 성벽을 쳐부술 대포를 만들어 주시오. 돈은 얼마든지 주겠소."

오스만 제국은 헝가리 기술자를 불러와 엄청나게 큰 대포들을 만들고, 콘스탄티노폴리스 주변의 지형을 샅샅이 분석했어요.

모든 준비를 마친 오스만 제국 군대는 드디어 공격을 시작했어요. 펑펑 발사되는 대포알에 성벽이 조금씩 무너졌어요. 그사이에 바다에서도 오스만 함대가 동로마 제국 배에 불을 지르며 맹공격을 퍼부었어요.

50일 넘는 공격 끝에 콘스탄티노폴리스의 성벽은 뚫리고 말았어요. 동로마 제국은 그렇게 역사에서 사라졌어요. 그러나 이때 이탈리아로 건너간 콘스탄티노폴리스 사람들이 동로마 제국의 문화를 전파했어요. 그 덕분에 이탈리아에서 시작된 르네상스 운동이 활발해져 그리스·로마 문화가 다시 살아날 수 있었지요.

세계사에 큰 영향을 끼친 로마

역사학자 랑케는 말했어요.

"모든 역사는 로마로 흘러들었다가 다시 로마에서 흘러나왔다."

이 말은 무슨 뜻일까요? 최초의 서양 문명은 지중해의 크레타섬과 그리스의 미케네에서 탄생했어요. 지중해 동부에 있던 페니키아에서는 알파벳의 기원이 된 문자가 만들어졌고, 그 남쪽에 있던 헤브라이에서는 장차 크리스트교에 영향을 줄 유대교가 탄생했지요.

기원전 8세기 무렵부터는 그리스 역사가 본격적으로 펼쳐졌어요. 아테네에서 민주 정치가 발달하면서 소크라테스, 플라톤 등이 철학을 발전시켰지요. 하지만 기원전 5세기 말에 아테네가 스파르타에 패한 뒤 그리스는 혼란에 빠졌어요. 그 틈에 북쪽에 있던 마케도니아가 세력을 키웠어요. 마케도니아의 알렉산드로스는 정복을 거듭해 인도까지 그리스 문화를 퍼뜨렸지요.

알렉산드로스 제국이 무너진 뒤에는 로마가 바통을 넘겨받았어요. 로마 사람들은 그리스는 물론이고 주변 나라들의 문화를 받아들여 더욱 발전시켰고, 로마법과 크리스트교를 세계에 퍼뜨렸어요. 랑케의 말처럼, 로마는 지중해 주변의 역사를 모두 받아들였다가 다시 퍼뜨려 세계사에 큰 영향을 끼친 거예요.

 한눈에 쏙! 로마사 돋보기

동로마 제국을 계승한 러시아

　동로마 제국이 멸망할 무렵, 이반 3세라는 야심만만한 사람이 러시아를 지배했어요. 그는 동로마 제국 마지막 황제의 조카딸과 결혼했어요.
　"자, 보시오. 우리 두 사람이 합쳐지듯, 러시아는 동로마 제국을 고스란히 이어받을 것입니다."
　동로마 제국의 상징에는 머리가 두 개인 독수리가 그려져 있었어요. 동로마 제국이 동방과 서방 두 지역을 모두 통치한다는 것을 상징해요. 러시아는 이 독수리를 그대로 가져와 상징으로 삼았어요.
　이반 3세는 스스로를 '차르'라고 부르며 막강한 권력을 휘둘렀어요. 차르는 로마의 카이사르에서 따온 말이에요. 이 무렵부터 러시아의 모스크바는 '제3의 로마'로 불렸어요.

문 위에 조각된 러시아 제국을 상징하는 독수리 (러시아 상트페테르부르크의 페트로파블롭스크 요새)

추천의 글

로마의 위대한 문필가였던 키케로는 말했습니다.

"자신이 태어나기 전에 일어났던 일을 모르는 사람은 영원히 어린아이로 남을 것이다."

역사를 공부하지 않은 사람은 진정한 어른이 될 수 없다는 소리입니다. 과거나 현재나 세계의 모든 지도자가 키케로의 말에 동의하면서 역사를 열심히 공부합니다.

프랑스의 지도자 나폴레옹이 가장 사랑했던 책은 《플루타르코스 영웅전》이었습니다. 나폴레옹은 그리스와 로마 영웅들의 일생을 읽고 또 읽으면서 꿈을 키웠고, 프랑스를 유럽 최강의 국가로 만들었습니다.

또 영국의 지도자 처칠은 직접 '제2차 세계대전사'를 썼습니다. 영국과 세계가 제2차 세계대전의 아픔을 잊지 않게 하려는 의도였지요. 그의 책 《제2차 세계대전》은 노벨 문학상을 받았고, 지금도 제2차 세계대전 연구의 주요 사료로 쓰입니다.

세계의 모든 나라가 세계사를 학교에서 필수 과목으로 가르칩니다. 개인, 사회, 국가의 현재를 분석하고, 미래를 설계하는 데 역사만큼 좋은 학문이 없기 때문입니다. 우리나라도 중학교에서 세계사를

한국사 못지않게 중요하게 가르칩니다.

그런데 많은 중학생이 세계사를 배우는 데 어려움을 느끼고 있습니다. 초등학교 시절에 세계사를 배우지 않았기 때문입니다. 세계사는 범위가 넓어서 배워야 할 나라, 인물, 제도, 사건이 매우 많습니다. 초등학교 때부터 세계사의 근간을 이룬 나라들의 역사를 미리 배워야 합니다.

특히 로마는 정치 제도, 법률, 문화, 건축에서 서양은 물론, 현대 세계의 기초를 만들었습니다. 가령 로마는 공화정이라는 정치 체제를 만들었고, 또 세계 모든 나라가 로마법에 근거해서 법을 만들었습니다.

로마는 기원전 753년에 건국되어 기원후 1453년 멸망할 때까지 2200년간 존립하였습니다. 그 긴 역사를 정확하고, 재미있게 쓴다는 것은 어려운 일입니다.《딱 한마디 로마사》는 자신 있게 추천합니다. 중요한 사건, 인물, 제도를 모두 정확하게 다루었습니다. 그리고 작가의 이야기 솜씨가 뛰어납니다. 이 책을 읽으며 로마사를 공부하는 재미에 흠뻑 빠질 것입니다.

역사학자 정기문 (군산대학교 교수)

참고 자료

김경현, 《로마 공화정 중기의 호민관》, 성균관대학교출판부, 2022
김덕수, 《그들은 로마를 만들었고, 로마는 역사가 되었다-카이사르에서 콘스탄티누스까지》, 21세기북스, 2021
김덕수, 《그리스와 로마》, 살림, 2004
김덕수, 〈'소통'의 장에서 '규탄'의 장이 된 로마원로원-키케로의 「필리피카 1, 2」를 중심으로〉, 《서양고대사연구》 52권, 2018
김덕수·송충기, 《역사 속의 말, 말 속의 역사》, 의암출판문화사, 1994
김덕수·황근기, 《서울대 교수와 함께하는 10대를 위한 교양 수업 6-김덕수 교수님이 들려주는 로마사 이야기》, 아울북, 2023
김창성, 《사료로 읽는 서양사 1》, 책과함께, 2014
김창성, 《사료로 읽는 서양사 2》, 책과함께, 2014
김현진, 최하늘 옮김, 《흉노와 훈》, 책과함께, 2024
김혜경, 《일곱 언덕으로 떠나는 로마 이야기》, 인문산책, 2010
남경태, 《종횡무진 서양사 (상)》, 그린비, 2009
노무라 마사타카 외, 기미정 옮김, 《도해 고대 로마군 무기·방어구·전술 대전》, AK커뮤니케이션즈, 2022
디오니시오스 스타타코풀로스, 최하늘 옮김, 《비잔티움의 역사》, 더숲, 2023
박윤덕 외, 《서양사강좌》, 아카넷, 2022
박재영, 《왜 카이사르는 루비콘 강을 건넜을까?》, 자음과모음, 2010
박재영, 《왜 한니발 장군은 알프스를 넘었을까?》, 자음과모음, 2010
배리 스트라우스, 최파일 옮김, 《로마 황제 열전》, 까치, 2021
베르길리우스, 진형준 옮김, 《아이네이스》, 살림, 2017
양정무, 《난처한 미술 이야기 2-그리스·로마 문명과 미술》, 사회평론, 2016
오사다 류타, 김진희 옮김, 《고대 로마 군단의 장비와 전술》, AK커뮤니케이션즈, 2022
이희철, 《중간세계사, 비잔티움과 오스만제국》, 리수, 2024
정기문, 《로마는 어떻게 강대국이 되었는가?》, 민음인, 2010
정기문, 《역사를 재미난 이야기로 만든 사람들에 대한 역사책》, 책과함께, 2019
정기문, 《왜 로마 제국은 기독교를 박해했을까?》, 자음과모음, 2010
정기문, 《처음부터 다시 배우는 서양고대사》, 책과함께, 2021
제이콥 필드, 이한이 옮김, 《세계사를 바꾼 50가지 동물》, 반니, 2021
주경철, 《문화로 읽는 세계사》, 사계절, 2005
주경철, 《바다 인류》, 휴머니스트, 2022
최재호, 《왜 게르만족은 서로마를 멸망시켰을까?》, 자음과모음, 2010

최혜영, 《그리스·로마의 역사와 문화》, 전남대학교출판부, 2019
토머스 R. 마틴, 이종인 옮김, 《고대 로마사》, 책과함께, 2015
톰 홀랜드, 이종인 옮김, 《팍스-로마 황금시대의 전쟁과 평화》, 책과함께, 2024
허승일 외, 《인물로 보는 서양 고대사》, 길, 2006
황대현, 《서양 기독교 세계는 왜 분열되었을까?》, 민음인, 2011

사진 자료

14쪽 로물루스와 레무스 조각상 | 위키미디어 코먼스 · 15쪽 독수리 모양 로마 장식품 | 위키미디어 코먼스 · 17쪽 잔 로렌초 베르니니 작품, 〈아이네이아스, 안키세스, 아스카니우스〉 | 위키미디어 코먼스 · 21쪽 체사레 마카리 그림, 〈키케로, 카탈리나를 비난하다〉 | 위키미디어 코먼스 · 28쪽 에트루리아 청동상, 〈아레초의 키메라〉 | 위키미디어 코먼스 · 31쪽 마르쿠스 아우렐리우스 원주 | 위키미디어 코먼스 · 35쪽 트라야누스 원주 | 위키미디어 코먼스 · 43쪽 카르타고 유적지 | 위키미디어 코먼스 · 50쪽 외젠 기욤 작품, 〈그라쿠스 형제〉 | 위키미디어 코먼스 · 51쪽 콜로세움 | 셔터스톡 · 58쪽 카이사르를 새긴 로마 은화 | 위키미디어 코먼스 · 60쪽 빈센조 카무치니 그림, 〈카이사르의 죽음〉, Rlbberlin | 위키미디어 코먼스 · 61쪽 로렌스 알마 타데마 그림, 〈안토니우스와 클레오파트라의 만남〉, 소더비 뉴욕 | 위키미디어 코먼스 · 66쪽 악티움 해전 조각 | 위키미디어 코먼스 · 67쪽 아우구스투스 조각상 | 위키미디어 코먼스 · 69쪽 황금 궁전 유적지 | 셔터스톡 · 73쪽 아피우스 가도 | 셔터스톡, 수도교 | 위키미디어 코먼스 · 76쪽 판테온 | 위키미디어 코먼스, 판테온 돔 천장 | 셔터스톡 · 77쪽 로마 제국 목욕탕 | 셔터스톡 · 81쪽 샤푸르 1세 조각 | 위키미디어 코먼스 · 82쪽 디오클레티아누스 금화 | 위키미디어 코먼스 · 84쪽 네 황제 조각 | 위키미디어 코먼스 · 85쪽 함량 미달 로마 은화 | 위키미디어 코먼스 · 90쪽 콘스탄티누스 황제 주화 | 위기미디어 코먼스 · 92쪽 콘스탄티누스 개선문 | 위키미디어 코먼스 · 95쪽 아틸라 조각, 카를로 브로기 | 위키미디어 코먼스 · 101쪽 유스티니아누스 모자이크화 | 위키미디어 코먼스 · 103쪽 성 바실리 성당 | 셔터스톡 · 107쪽 산 피에트로 광장 | 셔터스톡 · 111쪽 러시아 제국 독수리 | 셔터스톡